Heinrich Preschers

Beyträge zum deutschen Rechte

Zweiter Teil

Heinrich Preschers

Beyträge zum deutschen Rechte
Zweiter Teil

ISBN/EAN: 9783744701464

Hergestellt in Europa, USA, Kanada, Australien, Japan

Cover: Foto ©Suzi / pixelio.de

Weitere Bücher finden Sie auf **www.hansebooks.com**

Beyträge zum teutschen Rechte,

herausgegeben

von

D. Johann Christian Siebenkees,
Professor der Rechte zu Altdorf.

Zweyter Theil.

Nürnberg und Altdorf,
bey George Peter Monath
1786.

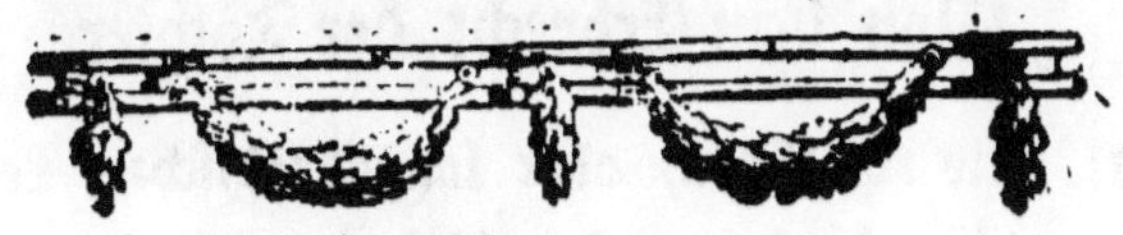

I.

Von dem Erbrecht der Töchter in Allodien und Kunkellehen vor den abgetheilten Stammsvettern.*)

§. 1.

Es ist kein Erbfolgstreit über Allodien oder Lehen zwischen illustren Häusern im teutschen Reiche erdenkbar, der nicht seine Beurtheilung aus einer der folgenden Quellen erhält. Es entscheiden darin entweder

I. die teutschen Gesetze

a) von ältern, oder

b) mittlern Zeiten.

II. Die

*) Diese Bemerkungen sind aus folgender Deduction ausgehoben: Ausführliche Vorlegung der höchstwichtigen Ansprüche und Forderungen, welche dem gräflichen Haus Reichserbtruchseß Waldburg gegen das landgräfliche und fürstl. Haus Fürstenberg zustehen. (1784. Fol.) Vierzehnter Abschnitt. §. 139—169.

II. Die römischen, oder longobardischen Lehenrechte, in sofern sie als fremde Gesetze in der Allodial- und Lehenfolge gegen die einheimische Instituta wirkenden Einfluß genommen, oder nehmen können.

III. Ein ganz allgemeines Herkommen.

IV. Ein besonderes Hausgesetz, oder

V. Ein ganz besonderes Herkommen einer Familie.

Wenn aus diesen Quellen die Rechte zum Besten der Töchter sprechen, so ist alles erschöpft, was zu einer günstigen Entscheidung für dieselbe in einer väterlichen Allodial- und Kunkellehen-Erbfolge vor den abgetheilten Stammsvettern nur immer aufgesucht werden kann.

§. 2.

I. a. Die Sitten der ältesten Teutschen richteten sich einzig und allein nach den Gesetzen der Natur, vermöge deren Söhne und Töchter ganz und gar gleich gehalten wurden. Haeredes, successoresque sui cuique Liberi, nullum Testamentum etc. Der teutsche Mutter-Bruder erbte, wenn kein Kind vorhanden gewesen; um soviel mehr also die Tochter und die Schwester. 1) Die Wisigothen

1) Tacitus de Moribus Germ. Cap. 20.

sigothen folgten noch diesen gleichhaltigen Trieben der Natur; sie ließen die Töchter mit den Söhnen in allen väterlichen Gütern zu gleichen Theilen zu: si Pater, vel Mater intestati discesserint, tunc Sorores cum Fratribus in omni parentum Facultate aequali divisione succedant 2) und eben so erbten bey den ältesten Franken die Töchter das väterliche Gut mit ihren Brüdern zugleich: ita — — convenit, ut Nepotes ex Filio, vel ex Filia ad Aviaticas res cum avunculis; vel amitis sic venirent in haereditatem, tanquam si Pater, aut Mater vivi fuissent. 3) Erst alsdann, nachdem die teutschen Völker sich mehr und mehr ausbreiteten, wichen sie nach und nach von der ersten natürlichen Ordnung ab, — doch nie soweit, daß die Töchter auch dem Seitenmannsstamm hätten zurückstehen müssen, sondern der ganze Vorzug des Mannsstamms gedieh in der Folge nur dahin, daß die Töchter den Söhnen, oder respective ihren Brüdern nimmehr zu weichen haben sollten.

2) L. Wisigot. Tit. 2. Cap. 1. apud Georgisch Col. 1955.

3) Decretio Childeberti Regis Cap. 1. ibid. Col. 473.

§. 3.

Das berühmteste Gesetz von solcher Art ist das salische. Es verordnet: de terra salica in mulierem nulla portio haereditatis transit, sed hoc virilis sexus acquirit, hoc est, filii in ipsa haereditate succedunt 4) Das Gesetz erläutert es hier selbst, daß unter dem virili sexu nur die Söhne verstanden seyen, und also auch nur diese in der Beerbung der sogenannt selbst salischen Güter den Töchtern vorgezogen werden sollen, wie dann überhaupt die salische Successionsordnung bey allen Erbgütern die Töchter zugelassen hat, wenn keine Söhne vorhanden gewesen sind, und zwar nach den Graden in der Maaß: si quis mortuus fuerit, et Fillos non dimiserit etc. si pater aut Mater superstites fuerint, in ipsam haereditatem succedant: si pater aut mater non superfuerint, et fratrem aut sororem dimiserit, in haereditatem ipsi succedant: si isti non fuerint, tunc soror matris in haereditate succedat: si soror matris non fuerit, sic soror patris in haereditate succedat. 5) Unmöglich können

4) L. Sal. Tit. 62. §. 6. ibid. Col. 121. und apud Eccard ad Leg. Sal. pag. 102.

5) L. Sal. cit. Tit. 62. §. 1. 2. 3. und 4.

können hier unter dem Ausdruck: et filios non dimiserit: nur allein die Söhne angenommen worden seyn, weil in der aufsteigenden und Seitenlinie, Mutter, Schwester, Vaterschwester und Mutterschwester berufen werden; folglich müssen um soviel mehr in der absteigenden Linie auch die Töchter zugelassen gewesen seyn. 6) Ausserdem war es übrigens gar nichts ungewöhnliches, daß mit dem Wort Filii, sowohl Töchter, als Söhne angedeutet worden, wie solches aus dem ripuarischen Gesetze sich demnächst zeigen wird. Am Ende bleibt doch immer der Schluß richtig, daß, weil die Töchter nur von der Erbfolge in terra salica sollen ausgeschlossen gewesen seyn, sie eben darum in die übrigen Allodialgüter, solche mögen nun in altväterlichen oder errungenen bestanden seyn, wenigstens in Ermanglung der Söhne, haben succediren können. 7)

§. 4.

6) Eccard ad h. l. pag. 106. und Heineccius in Element. iur. germ. Lib. 2. §. 219.

7) Man darf aber auch mit den bewährtesten Rechtslehrern frey bey dem Satz stehen bleiben, daß die Erbfolge in terris salicis von der

§. 4.

Das dem Salischen zu nächst verschwesterte ripuarische Gesetz (denn die Ripuarier waren ein

Theil

Erbfolge in dem übrigen Allode gar nicht unterschieden gewesen, und daß mithin auch darin die Töchter gleich nach den Söhnen succedirt haben. Vorzüglich kommt es darauf an, was dann eigentlich unter der terra salica verstanden worden. Dießorts glaubt man zwar mit dem *Struv. de Allod. imper. cap.* 1. §. 8. *not.* 5. sie sey eine terra servitute vacans, ein freyes Gut gewesen; man setzt aber noch hinzu, daß sie bey überwundenen Völkern den Ueberwindern auf Verordnung des Königs ausgetheilt worden. Sie war unter dem Allode mitbegriffen, und erblich; deßwegen handelt die nämliche lex salica Tit. 62. deren Rubrik *de Allode* ist, auch von Vererbung der terrae salicae. Es wird derselben nur deßwegen in dem Gesetz namentlich erwähnt, weil sie eben die vornehmste Gattung des Allode, oder terrae *paternae* war. Ihr Erbgang blieb aber doch der nämliche, wie bey dem übrigen Allode. *Eccard ad Leg. Sal, pag.* 108. und

N. H.

Theil der fränkischen Nation) stimmt hiermit vollkommen überein. Es schloß die Weiber nur alsdann aus, wenn männliche Erben in gleichem Grad

R. H. Rath von Senkenberg *de Succeff. filiar. Cap.* 5. §. 48. machen daher den gegründeten Schluß: non vero hic in totum excluduntur filiae, sed tantum eousque, donec fratres, et eorum posteri supersint etc. Indessen seye dem, wie es wolle; die Geschichte ist Bürge dafür, daß der so vermeinte Vorzug des ganzen Mannsstammes vor den Töchtern bereits im 12ten Jahrhundert, selbst in Frankreich, ganz in Abgang gekommen. Hievon schreibt *Ant. Dominic. de praerogat. allodior. Cap.* 7. §. 10. — Legem salicam, quae faeminas a successione removet, in sola tandem regia familia remansisse; nisi rescripto a principe, vel comitibus, qui regalia usurpaverant, impetrato: ut videre est ex testamento Iordani 2di Dynastae Insulanorum, anno 1200 condito, qui, ut a successione terrarum suarum *filias repelleret*, easque *solis masculis* adscriberet, *gratiam* hanc expostulat a Raymundo Comite Tolosano.

Grad vorhanden gewesen: die Töchter, die eigne Descendenten kamen allemahl vor den Seitenverwandten

Das einzige Fürstenthum Oranien dient einsweilen hinlänglich zur Probe. Es war dasselbe ein Geschenk von K. Karl dem großen an Prinz Wilhelm den ersten, gemeiniglich au Cornet genannt, weil er die Saracenen aus demselben und überhaupt aus Frankreich über die pyrenäischen Gebirge gejagt hat. — In diesem Betracht kann Oranien unstreitig für eine terra salica gehalten werden, und dennoch ist solches von Zeit zu Zeit durch näher gesippte weibliche Nachkommen, mit Ausschluß des Mannsstammes, in den Jahren 1183 und 1393 an andere Familien, sofort im Jahr 1530 an das Haus Nassau gelangt. Reinhards Abhandlung von dem Erbfolgsrecht derer Töchter vor den Stammsvettern in teutschen Reichsallodien 1tes Kapitel §. 8. *not.* c. Mit diesem sey wegen der salischen Güter und ihrer Beerbung genug gesagt, weil doch schwerlich ein Rechtsfall auszufinden seyn wird, der nach dem eigentlichen Sinn der terrae salicae zu entscheiden gewesen wäre. Auch der

wandten, oder Stammsvettern. Es verordnet: Si quis absque Liberis defunctus fuerit, si pater, materque superstites fuerint, in haereditatem succedant. Si pater, materque non fuerint, frater et soror succedant. Si autem nec eos habuerit, tunc soror matris, patrisque succedant. Et deinceps usque ad quintum genucolum, qui proximus fuerit, in haereditatem succedat, sed cum virilis sexus extiterit, faemina in haereditatem aviaticam non succedat 8) Wo in der lege salica der Ausdruck steht: et filios non dimiserit (§. praec.) heißt es hier: si quis absque Liberis defunctus fuerit, von welchen doch auch die Töchter nicht ausgemerzt werden können; und so erklärt ein Gesetz das andere. Beyde lassen die Seitenverwandte von männlicher und weiblicher Abkunft zu, um so gewisser also auch die Töchter. Die Worte des ripuarischen Gesetzes:

der gegenwärtige Rechtsstreit hat sich damit um so weniger abzugeben, als gewisser sich in der Folge veroffenbaren wird, daß die ersten und meisten Besitzungen der heutigen landgräfl. und fürstl. Hauses Fürstenberg selbst von weiblicher Herkunft sind.

8) Tit. 56. Georgisch col. 167.

Sed cum virilis sexus extiterit, faemina in haereditatem aviaticam non succedat — können folglich in Verbindung mit dem vorigen keinen andern Sinn haben, als daß die Töchter ihren Brüdern nachstehen, nicht aber, daß sie von weiter gesippten abgetheilten Stammsvettern ausgeschlossen werden sollen. 9)

§. 5.

Die alemannische Instituta sind, gleich den fränkischen Rechten, zu Gunsten der Töchter. Sie verordnen ebenfalls, daß zwar nur die Söhne nach Ableben des Vaters, dessen Erbtheil theilen sollen. 10)

9) Die Verordnung in dieser Stelle erklärt sich wiederum aus einer andern des nämlichen ripuarischen Gesetzes tit. 48. ibid. col. 165. Si quis procreationem filiorum, vel *filiarum* non habuerit, omnem facultatem suam in praesentia regis, sive vir mulieri, vel mulier viro, seu cuicunque libet de *proximis*, vel extraneis, adoptare in haereditatem - - - licentiam habeat. Die Söhne und dann die Töchter werden hier vor allen andern Proximis gesetzt. Sie allein werden da als die *Haeredes necessarii* angesehen. Conf. Senkenberg loc. cit. cap. 5. §. 48.

len. 10) War hingegen kein Sohn vorhanden, so wurde nicht der Agnat zur Erbfolge berufen, sondern vermöge der alemannischen Gesetze succediren die Töchter, wenn sie nur mit einem Mann von gleichem Stande sich verheyrathet hatten. 11)

§. 6.

Die Burgunder, 12) die alten Sachsen, 13) die

10) Tit. 88. bey Georgisch cit. l. loc. 234. Si qui fratres post mortem patris eorum aliquanti fuerint, dividant portionem patris eorum etc.

11) Tit. 57. ibid. col. 220. Si sorores absque fratre relictae post mortem patris fuerint, *ad ipsas Haereditas paterna* pertingat — — —

12) Lex Burgund. Tit. 14. cap. 1. et 2. ibid. col. 350. inter Burgundiones id volumus custodiri, ut si quis filium non reliquerit, *in loco filii filia* in patris matrisque Haereditate succedat. Si forte defunctus nec filium, nec filiam reliquerit, ad *sorores* — — — Haereditas redeat.

13) Lex saxon. Tit. 7. §. 1. et 5. ibid. col. 459. *seq.* Pater aut Mater filio non filiae haereditatem relinquit. Qui defunctus non filios sed filias reliquerit, *ad eas omnis haereditas* pertineat.

die Bayern 14) und die Longobarden 15) stimmten mit allem dem vollkommen überein.

§. 7.

Die alten Angeln und Weriner waren das einzige teutsche Volk, welches die Töchter von der Erbschaft der liegenden Güter ausgeschlossen hat: tit. 6. cap. 1. bey Georgisch col. 448. Haereditatem defuncti filius, non filia suscipiat. Si filium non habuit, qui defunctus est, ad filiam pecunia, et mancipia, terra vero ad proximum paternae gene-

14) Lex Bajuvariorum Tit. 14. cap. 8. §. 1. und cap. 9. §. 1. und 3. ibid. col. 308. und 309. ut fratres haereditatem Patris aequaliter dividant etc. — de eo, qui sine filiis et *filiabus* mortuus est, mulier accipiat portionem suam — — si autem maritus, qui nec filios, nec *filias*, nec nepotes, nec pronepotes nec ullum de propinquis habet, sed in uxorem — — — omnes contulerit facultates etc.

15) Luitprandi Leges Lib. 2. cap. 1. ibid. col. 1029. Si quis Longobardus sine filiis legitimis masculinis mortuus fuerit, et filiam dereliquerit unam, aut plures legitimas, *ipsae ei in omnem Haereditatem patris*, vel matris suae tanquam filii legitimi masculini heredes succedant.

generationis consanguineum pertineat. Es ward aber auch dieser ausserordentliche Vorzug des Mannsstamms nur bis auf den 5ten Grad erstreckt, nach welchem so fort die Tochter wiederum zu der Erbfolge in den terris gelangen soll, vermöge des nämlichen tit. 6. im 8ten cap. wo es heißt: usque ad quintam generationem paterna generatio succedat, post quintam autem filia ex toto, sive de patris, sive matris parte, in haereditate succedat, et tunc demum hereditas ad fusum a lancea transeat. Daß hingegen durch dieses besondere Gesetz eines besondern Volks die übrigen bisher angeführten allgemeinen teutschen Instituta keineswegs verdrungen worden seyen, solches beweisen die nachgefolgten Sammlungen der teutschen Gesetze und Gebräuche vom mittlern Zeitalter, die alle mit den ältern darin zusammen stimmen, daß eine Tochter gleich nach dem Sohne vor allen übrigen Verwandten erbfolgen solle.

§. 8.

b) Der sogenannte Sachsenspiegel, oder das sächsische Landrecht, welches im Anfange des 13ten Jahrhunderts verfaßt worden, 16) räumt den Töchtern

16) Selchow setzt die Zeit desselben zwischen den Jahren

tern in Ermanglung der Brüder die Erbgüter ein, gleich den alten sächsischen Rechten. 17) In dem schwäbischen Landrechtsbuch, oder Spiegel 18) wird ein Unterschied der Güter gemacht. In den Siedelhöfen schloßen die Söhne die Töchter aus: in den andern Gütern aber wurden sie sogar den Söhnen gleich gehalten, und erbten mit diesen 19)

Das

Jahren 1215 und 1219. in seiner Geschichte der Rechte §. 289.

17) Lib. 1. art. 17. Vaters und Mutters, Schwester, oder Bruderserbe nimmt der Sohn, und nicht die Tochter, es sey dann, daß da kein Sohn sey, so nimmts die Tochter.

18) Die Zeit des abgefaßten Schwabenspiegels fällt unstreitig ins 13te Jahrhundert, zwischen die Jahre 1268 und 1282. Selchow. cit. loc. §. 299.

19) Ius Prov. Suev. cap. 281. edit. Goldasti. Stirbt ein Mann, und lat Sün, und Töchtern hinter ihm, da nicht geschaffet hat, die Kind seyen usgesteuret, oder nit, Sie sollent das eigen miteinander theilen — — und is da ain Sidelhof, da der Vater auf sazz, und lát Er seinen Sun, oder mehr Sün hinder im, die nicht ausgesteüret sind. Die Sün besitzen

das

Das bayerische Land- und Lehenrecht vom Jahr 1344, von welchem bey Senkenberg de successione filiar. in adiunct. n. 2. pag. 21. ein Auszug zu lesen ist, entspricht wiederum den Töchtern vor den Stammsvettern, da es cap. 95. verordnet: „wer aber daz „nicht Sun da weren, so mugen die Töchter das„selb Recht haben ꝛc. =

Nimmt man nun dieses alles zusammen — die älteren und mittleren Gesetze der Teutschen unter einen Begriff, so ist unwidersprechlich, daß sie vereinigt dahin abstimmen: dieses sey das ius commune patrium, daß die Tochter gleich nach dem Sohn zur

das Ansedel mit Recht vor den Schwestern, und ist aber nichts anders da, wan das Ansezz; so stet Es an der Prüder Gnaden, was Sie den Schwestern geben — — — — Eine Curtis primaria ward nach eben diesem schwäbischen Landrecht Cap. 36. §. 21 ein Sedelhof, Anseß genennt. **Lindenbrog** in Glossar. voc. Curtis. Eben darum aber, weil die Regel schon vorher gesetzt ist, daß Söhne und Töchter miteinander erbfolgen; ist die Ausnahme bey dem Siedelhof über den dürren Buchstaben nicht zu erstrecken, und den Stammsvettern überhaupt das nicht zu zueignen, was den Söhnen allein zugestanden worden. Conf. **Heineccius** in Iur. germ. Lib. 2. §. 14.

zur Erbfolge gelange, und sie also allen übrigen Verwandten, sowohl männ- als weiblichen Geschlechts vorzuziehen sey.

§. 9.

II.) Die gemeinen römischen Rechte haben durch die Beförderungen der Kaiser Lothars des zweyten, Friedrichs des ersten und zweyten ihren ersten Gebrauch und Ansehen in Teutschland erhalten. Schon im zwölften Jahrhundert zeigen sich Spuren davon; und im 14ten Jahrhundert äussern sich solche bereits in den Reichsgesetzen; in den Zeiten K. Maxens des ersten war aber derselben Gebrauch ganz allgemein. 20). Die römischen Rechte kennen

20) De Senkenberg Corp. Iur. public. ac priv. germ. T. 1. §. 22 seq. pag. 114. §. 54. pag. 141. Eiusdem vorläufige Einleitung c. 5. §. 102. pag. 119 seq. Selchov. Element. iur. germ. §. 12. p. 13 seq. edit. 3. Chr. Gottl. Riccii Spicilegium historico - diplomaticum, quo iuris iustinianei, *in aulis germanorum principum*, atque *personarum illustrium* adoptati, usus pragmaticus, iam inde a saeculo 13. et 14. ex ipsis fontibus, ad historiam iuris illustrandam, eruitur, et ostenditur, Frf. et Lips. 1738. 4. **Sammlung der Reichsabschiede T. 2. pag. 28.**

kennen bekannter Dinge in Absicht der Fähigkeit keinen Unterschied des Geschlechts: sie folgen der Natur; welche die Töchter, wie die Söhne, als gleiche Kinder, zu der elterlichen Erbschaft im Liegenden und Fahrenden berechtiget. Diese Stimme der Natur war in dem 16ten Jahrhundert, von welchem gegenwärtig die Rede ist, so allgemein, daß die alten und mittlern teutschen Rechte darüber ganz in Abgang gekommen wären, wenn nicht der teutsche Adel besonders noch in Erbfolgsfällen, deren Entscheidung nach den römischen Rechten ihm nachtheilig schien, für die Erhaltung der teutschen Successionsordnung gesorgt hätte. 21)

§. 10.

Selbst jene Rechtslehrer, welche sonst von der Erbfolge der Töchter in liegenden Gütern ganz andere Grundsätze hegen und behaupten wollten, daß nach den teutschen Gesetzen selbige, so lange nur ein Mannsstamm vorhanden, davon ausgeschlossen

21) Io. Frid. Eisenhart Oratio de Meritis nobilitatis Teutonicae circa iuris patrii conservationem. Helmst. 1757. Selchov. Element. iur. germ. §. 70.

worden seyen, welches aber erwiesener maßen sich offenbar anders verhält, können nicht umhin, den römischen Rechten nach ihrer so allgemein gewordenen Aufnahme den Vorzug, auch bey illustern Häusern in ihren Erbfolgsangelegenheiten einzuräumen. Statt der übrigen will man nur den in allem Betracht würdig berühmten Professor Pütter selbst reden lassen:

„Daß nur bey denjenigen Familien, oder „respective Städten, oder Ländern solche teutsche „Rechte heutiges Tags gelten, wo sie ausdrücklich beybehalten, oder eingeführt sind, „und daß die andere die — ohnedem in Ermang„lung solcher statutarischer, oder Landes- oder „Familiengesetze überall geltende gemeine Rech„te vordringen lassen: daher denn allerdings an „dem, daß, wo kein besonderes Familiengesetz „zum Vortheil des Mannsstammes vorhanden, „die Töchter selbst in väterlichen und altväterlichen „Gütern mit ihren Brüdern (folglich nach den „römischen Rechten) zu gleichen Theilen gehen.„ 22)

Dießorts

22) Auserlesene Rechtsfälle 1. Band Ded. 3. S. 56. n. 95—99. fol. 34. Ferner Resp. 13. fol. 154—

Dießorts ist man nicht in dem Fall, solche Lehre unbedingt sich selbst eigen zu machen: nur für jene schien sie nöthig, welche den Töchtern gleichwohl noch aus den römischen Rechten helfen wollten, da sie glaubten, die teutschen Gesetze kämen ihnen hierin gar nicht zu statten. Für den gegenwärtigen Endzweck ists genug, erwiesen zu haben, daß der Grafheinrichischen fürstenbergischen einzigen Tochter ihres Herrn Vaters Allodialverlassenschaft ohne Unterschied im liegenden und fahrenden aus den allerersten Entscheidungsgründen, die nemlich in den Gesetzen — sowohl in den teutschen, als gemeinen Rechten geschrieben stehen, und also von rechtswegen, vor den abgetheilten nebenseitigen Stammsvettern gebührt habe.

154—165. dessen zwey erste themata generalia diese sind I. Jus germanicum antiquum non valet, *nisi conservatum*. II. Hinc et filiae *non renuntiatae* succedere possunt, nisi *speciali* fundamento adhuc ipso iure pro renuntiatis haberi possunt: Conf. Strubens Nebenstunden T. 5. Abhandl. 32. von dem Mißbrauch und gutem Gebrauch der alten teutschen Rechte.

§. 11.

Soviel nach den Allodien die — von dem Herrn Grafen Heinrich von Fürstenberg allenfalls inngehabten Kunkellehen betrifft; 23) so haben nicht weniger in Lehens — als wie in Allodialerbsfolgen die teutschen Rechte einen übereinstimmenden Geist beybehalten. **Die eigene Descendenz des Vasallen trat überall zuerst vor**, so wie es die Eigenschaft des Lehens mit sich brachte. Die wesentlichste Veränderung in der Lehenserbfolge beruhte auf der Theilung; denn da hieß es: **die Lehen sind nur in absteigender Linie erblich, und getheiltes Lehen fällt dem Herrn heim.** Plures possunt uno inbeneficiari beneficio, ita quod simul illud suscipiant, et aequale ius in hoc habeant, quam diu simul manserint! — — si autem voluerint ab invicem separari absque licentia Domini, dividant inter se secundum libitum totaliter concessum beneficium. Sed postea

23) Das fürstliche Haus Fürstenberg, als derjenige Theil, welcher Eigen und Lehen in Besitz genommen, und noch besitzt, ist die hieher einschlagende Documenta *communia* zu ediren schuldig.

ea illorum nullus in parte alterius aliquod ius habebit, cum alter obierit, nisi susceperit à Domino exspectationem in beneficio. 24)

§. 12.

Das sächsische Lehenrecht verordnet:

„der Vater erbet uffen son die gewere „des Gutes mit samment deme Gute. — — —

„Ezen erbet niemane nicht ein len wenn „der Vatter uffe den Sohn man mac vil „Brudern ein gut lihen — — Swenne „aber sie sich betheilen ir nie chein hat Recht „au des andern Gute 25)

24) Auctor vetus de Beneficiis. cap. 1. §. 83. u. 84. Dieses ist die älteste Sammlung der teutschen Lehensgewohnheiten, beyläufig in der Mitte des 12ten Jahrhunderts geschrieben, mit solchem Beyfall, daß die übrigen teutschen Lehenrechtsbücher meistens aus derselben gezogen sind. Selchow Geschichte der Rechte §. 348.

25) Cap. 6. 21. in fin. u. Cap. 34. princ. edit. Senkenb. Aller Wahrscheinlichkeit nach hat das

In dem schwäbischen Lehenrecht steht:

„es erbet niemand zu Recht lehen, wen„ne der Vatter uff den Sun das heissent „erbelehen, und Lehens erben —

„ wenn Brüder das Guth unter sich „theilen, so hat Ihr keiner nichts an des an„dern Guth; und stirbt ihr einer ohne Lehens„erben, so ist sein Theil dem Herrn ledig —26)

Das Reichsrecht will: „getheilt Lehen „das soll dem Reich ersterben, und zu dem „Reich fallen — „ 27)

Dieses

das sächsische Lehenrecht mit dem Sachsenspiegel einerley Alter, weil es insgemein für den andern Theil desselben ausgegeben wird. Es fällt mithin in den Anfang des 13ten Jahrhunderts (§. 146.) Selchov. cit. loc. §. 349.

26) Cap. 43. §. 2. Cap. 65. §. 2. edit. Senkenb. ferner jus feud. alemann. ex moribus Bavariae cap. 45. Das schwäbische Lehenrecht kommt mit dem Schwabenspiegel in die Mitte des 13ten Jahrhunderts. Selchov. cit. loc. §. 350.

27) Kaiserrecht 3. Theil. Cap. 12. und 25.

Dieses alles geht nun zwar nur die eigentlichen Mannlehen an, und die darmit übereinkommenden Zeugnisse der gleichzeitigen und anderer alten Schriftsteller bezielen solche allein, wenn sie sagen:

De consuetudine imperii non succedit, nisi filius descendens. Imo revertitur feudum ad imperatorem, et ipse confert, cui vult. Sic vidi hoc, quando fui in alemannia, per proceres judicatum. 28)

De consuetudine alamaniae non succedunt collaterales, sed deficiente filio feudum revertitur ad imperatorem, et confert, cui vult, 29)

Es wird auch hiebey stets voraus angenommen, daß es solche Lehen seyen, deren Gemeinschaft durch die Theilung eben darum aufgehört, wenn die abgetheilten nebenseitigen Verwandte nicht die Samtbelehnung erhalten; hieraus macht man aber den unleugbaren Schluß, daß solche ab-

28) Cardinalis Ostiensis in Commentario ad Tit. X. de feud. Er ist im Jahr 1271. gestorben.

29) Albericus de Rosate in vocabulario juris ad vocem feudum. Er lebte unter K. Ludwig dem Bayer in dem Ruhm eines grossen Practikus.

getheilten Stammsvettern um soviel weniger in den Kunkellehen, welche einmahl durch eine Hauptabtheilung einer andern Linie zugefallen, haben succediren können, am allerwenigsten, daß sie noch selbst einer einzigen Tochter von dieser Linie darin sollten vorgezogen worden seyn. Die Erforderniß der Dienste hat zwar auch bey den Kunkellehen den Söhnen einen Vorzug gegeben; so bald aber der Fall eingetretten, daß in Linea descendente blos Töchter vorhanden gewesen, hat die Lehensfolge sie nothwendig betroffen, weil das Lehen auf keinen Seitenverwandten fallen konnte, und es sonst dem Lehenherrn hätte heimfallen müssen, wenn nicht solcher Heimfall bey einer noch vorhandenen Tochter der Natur der Kunkellehen zuwider gewesen wäre. 30)

§. 13.

30) Wenn man den Heimfall des Lehens ausnimmt, so darf überhaupt zur Regel angenommen werden, daß die Lehenfolge größtentheils die Allodialerbfolge nachahme, und also zwischen beyden eine Analogie porwalte: wie solches sehr schön gezeigt hat Professor Walch zu Jena in Diss. principia juris german. de succes-

§. 13.

Beyläufig hundert Jahre vor jenen Sammlungen der teutschen Lehenrechte wurden in Italien auch die daselbstigen Lehensgewohnheiten in ein Werk zusammen getragen, welches wir heut zu Tage das longobardische Lehenrechtsbuch zu nennen pflegen. Es enthält vornämlich solche, welche in den Lehenshöfen zu Mayland, Piacenza und Cremona üblich gewesen sind. 31) Es schlich mit den justinianischen Gesetzbüchern nach Teutschland ein: aber seine Aufnahme war nicht so günstig, als der erstern. Dasselbe wich zu sehr von den teutschen Lehensgesetzen und Gewohnheiten ab, und stand mit diesen sowohl, als mit dem Interesse des kaiserlichen, und der andern teutschen Lehenhöfe in einem zu starken Contrast; — seine Aufnahme würde nicht nur die Genehmigung des kaiserlichen Reichs, sondern auch der übrigen hohen teutschen Lehenhöfe ausdrückliche Einwilligung auf

 eine

successione descendentium feudali 1770. Man sehe Jonathan Fischers Gedanken von dem weiblichen Erbfolgsrecht in theilbaren Lehen. 1780.

31) Selchov. loc. cit. §. 361.

eine gesetzliche Weise erfordert haben. 32) Von dem blieb es aber soweit entfernt, daß das longobardische Lehenrecht noch von Kaiser Karl dem 4ten mit dem Ehrentitel einer Corruptel belegt 33) und von den Reichsständen noch unter Kaiser Friedrich dem 3ten mit allen Doctoribus legum peregrinarum, gleichsam verabscheuet worden war. 34) Und obzwar dasselbe nach und nach eine Art Onldung erhielt, so ward es doch nie durch ein Reichsgesetz, auch nur in Subsidium aufgenommen, geschweige daß damit die teutschen Lehenrechte und Gewohnheiten noch selbst abgeschafft worden wären: die Manngerichte und Lehenskanzleyen sprachen stets fort mehr nach teutschen, als longobardischen Rechten: 35) und man kann also vor der Hand

32) Der Grund hievon ist ganz offenbar, weil den Reichsständen und ihren Lehenhöfen die hergebrachten eignen einheimischen Rechte und Gewohnheiten keineswegs geschmälert oder gar abgenommen werden können.

33) In Senkenbergs Corp. jur. Feud. p. 585. ist die Urkunde dieses Kaisers vom Jahr 1372.

34) Müllers R. T. Theat. unter Friederich dem III. T. I. Vorst. 1. Cap. 5.

35) Von Buri Erläut. des Lehenrechts. p. 124.

Hand mit Grund behaupten, daß die in dem Kaiserrecht und Spiegeln aufbehaltenen teutschen Gesetze und Gewohnheiten, da wo keine Abänderung bewiesen werden kann, jetzt noch in ihrem gesetzlichen Ansehen, Kraft und Gebrauch stehen. 36)

§. 14.

Das longobardische Lehenrecht, für sich allein betrachtet, kann demnach nichts weniger, als den gesetzlichen Entscheidungsgrund über die Frage abgeben, ob ein Weib — eine Tochter in diesem, oder jenem Lehen der Erbfolge fähig oder nicht fähig

36) Struv. J. Feud. Cap. 1. Aphor. 5. et 7. N. 7. Horn. Iur. Feud. Cap. 1. §. 26, seq. Dann 31. 35. et 37. ubi in petenda decisione ultimo loco ponit jus longobardicum. Schilter in not. ad Struv. p. 5. Vornemlich aber Schrötter in dem Anhang zum Versuch einer österreichischen Staatsgeschichte pag. 477—532. Dann die diplomatische Untersuchung über die Rechte der Todtheilung, 2tes Sendschreiben §. 15. pag. 34. — Eine der merkwürdigsten Schriften, welche bey dem letztern bayerischen Erbfolgsfall an das Taglicht getreten sind.

fähig sey? Zumahl wenn noch die zweyte Frage hinzu kommt, ob eine Tochter, wenn sie auch des Lehens fähig, nicht dannoch allen männlichen Seitenverwandten von einer andern Linie, so lange nur immer Mannsstamm vorhanden, zurückstehen müsse? Ueberhaupt genommen, ist das longobardische Lehenbuch der weiblichen Erbfolge in Lehen entgegen; 37) doch dürften noch ein und andere Texte daselbst ausfindig zu machen seyn, welche eine nachgefolgte Abweichung von der Ausschliessung der Weiber vermuthen lassen 38) Im ganzen aber, und heut zu Tage beruhet alles vorzüglich auf dem Inhalt der Lehenbriefe, welche von der Zeit an gewöhnlich wurden, als Kaiser Conrad der zweyte den Lehen die Erblichkeit auf die Descendenz im Jahr 1037 ertheilte 39) welches sofort

37) I. Feud. 8. §. 2. filia vero non succedit in Feudo. II. Feud. 11. ad filias vero, seu neptes vel pronepotes, vel ex filia pronepotes successio Feudi non pertinet.

38) II. Feud. 11. 26. §. 9, 50. 103. 85. 705. §. 2. 17. 18.

39) Selchow. l. cit. §. 344. et 345. Georg. Ludwig Böhmer lib. sing. de indole et natura exspect.

sofort Kaiser Heinrich der sechste auch zum Vortheil der weiblichen Succession erstreckte. 40) Ein anderer Kaiser begnadigte damit nicht weniger die Reichsministerialen bey den geringern Lehen: 41) Seither trifft man in vielen Lehenbriefen die Erbfolge der Weiber, entweder ausdrücklich eingeräumt, oder zu mehrerer Sicherheit ausbedungen an, und daher sind die Benennungen der Weiber- oder Kunkellehen entstanden.

§. 15.

Will man nun die Erbfolgsordnung in solchen Weiber- oder Kunkellehen selbst nach den Grundsätzen des longobardischen Lehenrechts beurtheilen,

spect. et investit. Feud. et de huius renovatione. C. 3. §. 61. p. 87. 2tes Sendschreiben. §. 10. 11. 12.

40) Fischer an bemeldtem Ort. pag. 9. seq.

41) Kaiserrecht. 3. Th. Cap. 8. bey Senkenberg in Corpore juris germ. T. 1. §. 1. p. 99. Fischer l. cit. pag. 15. Die Geschichte der Erbfolge fast in allen illustern Häusern Teutschlands bestärkt das hier angeführte, wie sich unten zeigen wird.

len, so ist es auch diesem vollkommen gemäß, daß allerforderst auf die eigne Descendenz auf die Linie des Vasallen Rücksicht zu nehmen sey, und daß folglich, wenn kein Sohn vorhanden, die Tochter in selbigen die Seitenverwandte schlechterdings ausschließe. Die Linie, von welcher einer, oder eine ist, ist der erste Erbfolgszug, weil bey der Eigenschaft eines Weiberlehens diese, wie jener erbfolgsfähig sind. — So erkennt es der berühmte Text 2. feud. 50. und darum sagt Stryk 42) Si feudum pro masculis et faeminis concessum, faemina in prima linea superstes, excludit masculum in secunda linea, quamdiu enim in prima linea aliquis superest, qui feudi capax, tamdiu successio ad alteram lineam non devolvitur. 2. feud. 50. Peregrini de fideicomiss. art. 27. n. 14. Tiraquell. de primogenit. quaest. 11. und 14. — und daher stimmen die Feudalisten überein: 43) masculos transversales non excludere faeminas descenden-

42) Exam. juris Feud. Cap. 15. Quaest. 7. et in dissert, de successione in Feud. masc. et faem. concessa. Cap. 3.

43) Klok. T. 2. Consil. 17. n. 130. 131. Besold. thes. pract. voc. Kunkellehen.

scendentes ab ultimo vasallo: et ideo expeditum esse, quando ajunt, faeminam non admitti, donec masculus supersit, particulam donec et similes, regulariter non perpetuo, sed temporaliter, et certarum personarum respectu (scilicet fratrum tantum) excludere. 44)

§. 16.

44) Man muß hier zur mehrern Erläuterung der Sache noch einer wichtigen Einwendung begegnen, die von den teutschen Lehenrechten selbst ausgehoben werden dürfte. Bey dem alten Auctor vom Lehenwesen heißt es Cap. 2. Clerici et *mulieres*, rustici et mercatores -- et omnes, qui non sunt ex homine militari ex parte patris eorum et avi, iure carent beneficiali. Diese weibliche Successionsunfähigkeit ist aus dem Auctore veteri, der aber lange vor Kaiser Heinrich dem VI. gelebt, welcher die weibliche Lehenfolge festgestellt hat, in den Sachsenspiegel, und in das alemannische Landrecht herüber gepflanzt worden, wo es dann wiederum heißt: Pfaffen, Wibe... und alle die nicht en sin von Rittersart von Vater, und von Eltervatter, die suln Lenrecht darben. Man wolle aber über diese Stellen nur

§. 16.

III. Vielleicht aber sind die Töchter der illustren Familien überhaupt schon in allen väterli-

chen

nur des schon angeführten Jonathan Fischers Gedanken pag. 6. seq. nachlesen, so zerfällt die ganze Einwendung: sie sind nemlich in die erwähnte Sammlungen nur zur Erhaltung des Andenkens, und zur Erläuterung der spätern Abänderungen noch eingerückt worden. An andern Stellen sprechen die nämliche Rechtsbücher häufig von der Erbfolge der Weiber in Lehen, als alemanisch. Lehenrecht. C. 103. §. 2. C. 3. §. 4. C. 67. ebendaselbst nach bayerischem Gebrauch C. 66. 3. Sächsisches Lehenrecht. C. 60. 2. 34. welches also zu offenbarer Ueberzeugung dient, daß jene alte Ausschließung der Weiber nimmermehr üblich, sondern schon abgekommen gewesen: wie dann auch solches in Ansehung der Geistlichen, welchen dort die Weiber parallel gesetzt werden, vorlängst geschehen zu seyn, eine bekannte erwiesene Sache ist in der Deduction: **Rettung der Rechte des Erstge-**

bohr-

chen und altväterlichen liegenden Gütern von den Stammsvettern von jeher nach einem ganz allgemeinen Herkommen ausgeschlossen worden? — Allein woher sollte sich wohl der Grund ausfin-

bohrnen in dem fürstlichen Haus Salm Salm, welche die Lehensfolge der Geistlichen nach teutschen Gesetzen und Gewohnheiten erweiset, 1771, nicht weniger in Pütters auserlesenen Rechtsfällen 2ten Bands R. 212. §. — 75. pag. 554—594. Der Grund der alten Ausschließung waren die Kriegsdienste, deren die Geistlichen und Weiber bey den alten Teutschen für unfähig gehalten wurden. Dieser Grund war aber in den mittlern Zeiten schon ganz hinweggefallen, folglich auch die Ursache der Ausschließung. Daher behauptet der mehrbelobte Fischer, daß seit der eingeführten Erblichkeit und Theilbarkeit der Lehen, jene, in welchen die Weiber succediren, allerdings zu der ordentlichen Art der Lehen gehören, weil nach der Natur der Erblehen, welche Gattung nun in Teutschland allgemein angetroffen werde, die Erb-

folge

dig machen lassen, aus welchem ein solches Herkommen hätte entstehen können? — Die erste allgemeine Quelle der Erbfolgsordnung hat hierunter auch den ersten stärksten Widerstand stäts gethan

than

folge auf die Weiber gehe. Der Lehenbrief muß es demnach ausdrücklich mit sich bringen, daß das Lehen nur dem Mannsstamm ertheilt sey. Zu Ausschließung der weiblichen Succession ist es nicht hinreichend, wenn das Gut zu rechtem Lehen, oder auch zu rechtem Erbmannslehen verliehen wird, weil das Wort Erbmannlehen seinen Bezug nicht auf das Geschlecht, sondern auf die des Lehens wegen schuldige Dienste des Vasallen hat; ein Weib vermannt das Lehen, wie der minderjährige, das ist, wie dieser durch seinen Trager, so leistet das Weib durch seinen Mann die Dienste mit Treue und vasallischer Anhänglichkeit. Fischer cit. l. pag. 4. et 19. wo er dann mit dem schließt: „Den wichtigsten „Beweis für meinen Satz glaube ich durch „die Induction führen, und dadurch zeigen „zu können, daß in allen teutschen Reichs-

ländern

than, nämlich das Naturrecht, und die natürliche Vorliebe für die eigne Descendenz vor den Seitenverwandten: — der Entstehung eines solchen Herkommens haben sofort die geschriebene Gesetze widerstrebt, die teutschen Rechte sowohl, als auch die gemeinen römischen. Will man hingegen den Grund einer solchen allgemeinen Observanz in dem Convenienzrecht der Familien selbst suchen, so ists wiederum ganz unverneinlich, daß eine allgemeine Ausschließung der Töchter durch die Nebengesippte das eigne Interesse eben so vieler illustren Häuser durchkreuzt haben würde, als ein und andere davon Vortheil hätten ziehen können. In Ermanglung der Söhne waren einmahl die Töchter zur väterlichen Erbfolge vermöge der geschriebenen Gesetze berechtiget; wie viele Familien, in welche solche Töchter sich eingehenrathet, hätten also nicht dem ihrer Gemahlinen wegen gesetzlichen Erbfolgsrechte entsagen müssen? Die Vermählungen mit solchen Töchtern konnten immer für ein gesetzliches Erwerbungsmittel angesehen werden, wodurch Land und Leute in ein Haus ge-

„ländern seit der eingeführten Erblichkeit der „Lehen die Töchter succedirt hätten.“

bracht werden möchten, ohne erst den so sehr entfernten Fall abwarten zu müssen, bis der nebenseitige übrige Mannsstamm ausgestorben seyn würde. Läßt es sich wohl denken, daß die Töchter für sich selbst dem Einschleichen eines Beginnens gleichgültig zugesehen haben würden, bey welchem es darauf ankam, daß ihnen Rechte und Befugnisse abgespannt werden sollten, wozu sie doch nach den natürlichen und allen geltenden positiven Gesetzen schon das angebohrne Recht hatten? Ausserdem, soviel es die weiblichen Lehengüter betrifft, würde es wohl nie auf die eigne Convenienzgrundsätze der Familien angekommen seyn, die Erbfolgsordnung darin so einzuführen, daß bey Abgang der Söhne einer Linie vorerst die Stammsvettern von einer andern Linie, und dann erst die Töchter und weibliche Nachkommen in selben zu succediren haben sollen, welches offenbar wiederum gegen das Interesse und die Gerechtsame der teutschen Lehenhöfe gewesen wäre, weil ihnen hierdurch das Heimfallsrecht von den Vasallen selbst beschränkt, vereitelt, und gleichsam unmöglich gemacht worden seyn würde, da doch denselben solcher Rückfall nach den teutschen Lehengewohnheiten, welche durch das nur in Subsidium

dium eingeschlichene longobardische Recht nicht aufgehoben worden, noch aufgehoben werden können, schon alsdann gebühret hat, wenn von der abgetheilten Linie keine eigne unmittelbar abstammende männliche und weibliche Nachkommen mehr vorhanden gewesen sind. Man bezieht sich überhaupt dieses Syhs halben auf das zurück, was in den vorangegangenen §. §. 140—154. (§. 2—16.) an- und ausgeführt worden ist.

Aus allem dem wird vielmehr begreiflich, warum im Gegentheil das Herkommen mit den Gesetzen übereinstimmend, zum Vortheil der Töchter in der Maaße entspricht, daß nicht leicht ein Fall auszufinden seyn dürfte, wo in Ermanglung oder nach Abgang der Söhne von einer abgetheilten Linie, die Töchter eben derselben Linie in Beerbung der väterlichen Allodialgüter und Kunkellehen nicht den Vorzug vor den nebenseitigen Stammsverwandten von jeher gehabt hätten. Eine rechtliche Wahrheit kann doch mehr nicht bestärkt werden, als wenn vorerst der Grund in den geschriebenen Gesetzen dargelegt, wie solches bereits geschehen, und hiernächst ferner gezeigt wird, daß diese Gesetze durch unverrückte Ausübung bey ihren Kräften geblieben sind! 45)

§. 17.

45) Da man itzt den Beweis durch die Induction zu führen übernimmt, daß eine Tochter vor den Stammsvettern in den Allodien und Kunkellehen allzeit den Vorzug gehabt, folglich daß auch der Gräfin Anna Maria von Fürstenberg, des Reichserbtruchseßen Freyherrn Christophs Gemahlin die Grafheinrichische väterliche Allodial- und Kunkellehenverlassenschaft im Jahr 1596 vor ihren abgetheilten Vettern, Grafen Joachim und Albrecht von Rechtswegen ebenfalls gebühret habe, so beschränkt man sich lediglich mit solchen Beyspielen, die in das Zeitalter zunächst an den Grafheinrichischen Erbfall hinreichen. Nur bey dem landgräflichen und fürstlichen Haus Fürstenberg muß man etwas weiter zurückgehen, weil es sich besonders der Mühe belohnt, so geartete selbsteigene einheimische Vorgänge genauer zu kennen. Bey andern geht man, soviel möglich, kurz durch, und begnügt sich einzig und allein mit der Anzeige

der

§. 17.

a) Das heutige landgräfliche und fürstliche Haus Fürstenberg hat seine ruhmvolle Abkunft von

der Erbfälle, wo die Töchter, obschon noch Stammsvettern vorhanden gewesen, in den Allodien und Kunkellehen ohne Unterschied geerbfolgt sind. Man enthält sich, mit einer stärkern Menge die gegenwärtige Ausführung anzufüllen, weil das, was vorgebracht wird, schon hinlänglich seyn dürfte, die ganze Erbfolgsordnung zu erläutern. Wenn aber damit noch nicht das volle Genügen geschehen sollte, so mögen zu solchem Endzweck noch häufigere Beyspiele und Zeugnisse aufgesucht werden bey

Ludwig in Germ. princ. L. V. c. 1. p. 15.

Iust. Henning. Böhmer in Iure publ. univers. L. 3. c. 4. §. 24.

Mager de Advocat. Arm. c. 7. p. 277.

Pfeffinger in Corp. jur. publ. vol. 4. Lib. 3. tit. 20. §. 34.

Wolf Elem. jur. feud. c. 10. §. 27.

von dem vornehmen Geschlecht der alten Grafen von Urach. Egon I. Graf von Urach starb um das Jahr 1228. Er hatte zur Gemahlin Agnes, Herzog Bertholds IV. von Zähringen Tochter und Schwester Bertholds des V. dessen männliche Nachkommenschaft im Jahr 1228. erlosch. Dieser hinterließ sehr viele uralte väterliche Allodialgüter, von welchen an Egon von Urach die in Schwaben, Breisgau und Schwarzwald gelegene zähringi-

Fischers 4. Sendschreiben an Püttern in den kleinen Schriften aus der Geschichte, dem Staats- und Lehenrecht. 1780. 1. Th. n. 6. S. 258. 259. 260.

Häberlins Reichshistorie Band II, S. 424. 425. 426.

Leiningen westerburgischen Auszüge gegen Leiningen Hartenburg. §. 45—58.

Zeugnisse von dem Gebrauch ihrer Zeit geben Herm. Vultei. de feudis Marburgi. 1717. p. 527.

Udalr. Zasius epit. in usus feud p. 8. n. 42.

Itter de feudis imp. C. 14. §. 11.

Dermalen hat man sich aber nur folgender Schriftsteller bedient:

Mosers

ringische Allodial Stammlande fielen. 46) Nach solchem beträchtlichen Zuwachs an Land und Leuten

C 5

Mosers Familien - Staatsrecht der teutschen Reichsstände. I Th. 9. Kap. S. 839—931.

Reinhards Abhandlung von dem Erbfolgsrecht der Töchter vor den Stammsvettern in teutschen Reichsallodien. 2tes Kap. S. 38—105.

Diplomatische Untersuchung über die Rechte der Todtheilung. 4. Sendschreiben. 1778.

46) Des Herzogs Bertholds V. zweyte Schwester Anna brachte ihrem Gemahl, Graf Werner von Kyburg die andere Herrschaften in der Schweitz zu, als Burgdorf, Thun, Freyburg in Uchtland. Damals, nemlich im Jahr 1218, blühten die aus einem und eben demselben Haus entsprossenen Linien Habspurg, Baaden und Tekh: die hohen Stammsvettern aus diesen Linien, und nicht die Schwestern des letzten einen Linealbesitzers hätten die zähringische Allodialstammlande erben müssen, wenn nun gar selbst die Töchter von den Stammsvettern jemahls auszuschließen gewesen wären. Rein-

ter wurde von des Grafen Egons Enkeln eine Theilung derselben beyläufig um das Jahr 1237. dergestalten vorgenommen, daß Graf Conrad Freyburg im Breisgau, die Herrschaften Badenweiler und Hausen im Kinzingerthal, wie auch die Stadt Neuburg am Rhein und Graf Berthold seinen Antheil in der eigentlichen Grafschaft Urach und die Reichslehen derselben erhielt; Graf Heinrich hingegen seinen Sitz zu Fürstenberg, und hievon den Namen annahm, welchem nebst Fürstenberg, oder jetzt der Landgrafschaft Baar, auch ein Theil an der Grafschaft Urach zugeschieden ward. Graf Berthold von Urach starb unbeerbt um das Jahr 1260, die Grafschaft kam aber nicht auf seine noch leben-

den

Reinhard am angeführten Ort. 2. Kap. §. 3—13. Diplomatische Untersuchung. 2. Sendschreiben. Fol. 49. 75. und 3. Sendschr. Fol. 62—67. alwo zu finden, wie nachdem Herzog Ludwig V. den zähring - tekhischen Stamm im Jahr 1439 beschlossen, der wenige Rest der zähringischen Güter nicht auf seine baadischen und sausenbergischen Agnaten, sondern auf seiner Schwester Irmengards Söhne, die Herren von Rechberg gekommen sind.

den Brüder Conrad und Heinrich, sondern durch kaiserliche Belehnung an Graf Ulrich mit dem Daumen von Würtenberg. Nur 5 Jahre hernach, 1265 verkaufte Heinrich von Fürstenberg seinen übrigen Theil der Grafschaft Urach ebenfalls an Würtenberg, und die Einwilligung von des Verkäufers ältestem Bruder, Grafen von Freyburg wurde hierzu nicht gefordert. 47)

§. 18.

47) Von den eigentlichen ersten Geschlechtsgütern besitzt demnach das heutige landgräfliche und fürstliche Haus Fürstenberg seit mehr als 500 Jahren nichts mehr. Urach, Freyburg und Fürstenberg waren unverneinlich stammsverwandte Linien, und die darin lebten, Stammsvettern zu einander. — Sie lebten aber noch ohne besonderes Hausgesetz und dieses war die Ursache, warum die Grafschaft Urach, von welcher sie doch ihre gemeinschaftliche Abkunft hatten, sobald die Linien unter sich getheilt waren, theils durch die willkürliche Veräusserung, theils durch Belehnung eines ganz fremden Hauses von demselben abkam. Fürstenberg liefert also von seiner ersten Geburt an den stärksten Beweis

aus

§. 18.

In der freyburgischen Linie theilten des Grafen Conrads beyde Söhne Egon III. und Heinrich

aus sich selbst, daß altväterliche Güter nur darum, weil sie altväterlich sind, keineswegs schon auch Stammgüter in der Maaße seyn müssen, daß jeder Stammsvetter, zumahl mit Ausschließung der Töchter darin zu succediren das angebohrne Recht habe, oder welches eines ist, Haeres necessarius sey. So was kann nur unter gewissen Umständen durch ein ausdrückliches Pactum familiae bewirket werden, und zwar nur unter der allerhöchsten kaiserlichen Bestättigung, in so ferne Reichslehen damit verfangen sind. Die Urach-heinrichische Linie zu **Fürstenberg**, und die Urach-conradische zu **Freyburg** behielten noch ihren Bestand, und ihr ganzes Wesen allein von zähringischen Gütern, die eine **Erbtochter**, oder wie man will, **Erbschwester** mitbrachte, obgleich noch zähringische Stammsvettern in Menge vorhanden waren, und noch heut zu Tag in dem durchlauchtigsten Haus Baaden vorhan-

rich Ihre Landesportion im Jahr 1272. Jener bekam Freyburg, und alles, was dazu gehöret, dieser aber die wichtige Herrschaft Badenweiler, und Hausen im Kinzingerthal. Die Bergwerke hinge-

gen

vorhanden sind. Diese Güter machen, wirklich noch den hauptsächlichsten Theil der fürstenbergischen Besitzungen aus, und ein ansehnlicher Theil wuchs in der Folge ebenmässig durch Erbtöchter, wie wir bald hören werden, denselben zu. Seit wann haben also eben diese Güter ihre ursprüngliche Eigenschaft so wesentlich abgelegt, daß sie nur dem fürstenbergischen Mannsstamm anererbbar, und eine Tochter zur väterlichen Erbin zu haben nimmermehr fähig seyn sollen? Von sich selbst hat diese Veränderung nicht erfolgen können: es ist solche aber auch durch das erste ein paar hundert Jahre darauf errichtete Pactum familiae im Jahr 1576 keineswegs bewirket worden, weil dasselbe in Ansehung des Reichserbtruchseßen Freyherrn Christophs Gemahlin, Gräfin Anna Maria von Fürstenberg, gegen welche solches zuerst hätte gelten sollen, so zu betrachten kommt, als

wenn

gen, und der Wildbann im Breisgau verblieben ihnen gemeinschaftlich. Graf Heinrich verließ dieses Zeitliche im Jahr 1303. ohne Hinterlassung eines Sohns. Weder auf den Bruder Graf Egon von Freyburg, noch auf die Stammsvettern von Fürstenberg wurden die uralte zähringischen Stamms-

wenn es nie da gewesen wäre (§. §. 117 — 139.). Nichts hat demnach derselben, als der einzigen Tochter des Grafen Heinrichs von Fürstenberg, der von den zähringischen Gütern Fürstenberg, die Landgrafschaft Baar, und die Herrschaften Ueberwald, namentlich Hausen im Kinzingerthal besessen und bey seinem Tod im Jahr 1596 nach sich gelassen hat, im Weg stehen können, solche mit eben dem Recht zu erben, mit welchem die Agnet, als Schwester eines ohne männliche Nachkommen verstorbenen Herzog Bertholds sie geerbt, und sofort in das Haus Urach, itzt Fürstenberg eingebracht hat: oder woher doch, wo ein Pactum familiae nicht dagegen ist, der rechtsbeständige Grund, daß die nämliche und eben dieselbe Güter durch eine Erbtochter, ohne Rück-

Stammsherrschaften Badenweiler, und Hausen vererbt, sondern sie fielen des Grafen Heinrichs einzigen Tochter Margaretha zu, welche den Grafen Otto von Straßberg zum Gemahl hatte. Erst im Jahr 1364. wurden beyde Herrschaften von des bemeldten Ottens Sohn, Grafen Immer zu Straßberg wiederum auf das Haus Fürstenberg gebracht, welches die Herrschaft Hausen behielt, Baadenweiler aber an die Stadt Freyburg im

Breis-

Rücksicht auf die noch vorhandene Stammsvettern, zwar an ein Haus kommen, nicht aber durch eine Erbtochter wiederum an ein anderes sollten gelangen können? Der Verfolg der Fürstenbergischen Hausbeyspiele wird die Sache noch näher geben. Uebrigens liegt aus dem, was itzt gesagt worden, die Rechtfertigung schon vor Augen, wenn Freyherr Christoph Reichserbtruchseß bey der tübingischen Commission im Jahr 1597 behauptet hat (§. 26.), daß Fürstenberg, die Grafschaft Baar, die Herrschaft Wartenberg (ein Ausbruch von Baar,) und die Herrschaft Ueberwald meistens allodial seyn; denn eben diese

Güter

Breisgau um 25000 fl. verkaufte. 48) Die Badenweilerische Erbtochter forderte überdieß selbst die in Gemeinschaft gebliebenen Bergwerke, und den Wildbann in Breisgau wegen ihrer Eigenschaft eines Weiberlehens, — und die Lehensfolge darinn ward ihr auch wirklich zu ihrem Antheil von dem kaiserlichen Hofgericht zu Nürnberg zugesprochen. Erst nach dem Tode des Grafen Immers von Straßberg wußten die Herren Grafen von Freyburg und Fürstenberg es dahin zu bringen, daß durch ein baselisches Manngericht solches Lehen-

Güter sind ja nur unter der Eigenschaft eines Allode durch eine Erbschwester von Zähringen an das Haus Fürstenberg gekommen.

48) Wiederum ein schöner Beweis gegen die Notherblichkeit der Stammsvettern! Wahrhaftig! wenn in Ermanglung eines Hausgesetzes altväterliche Güter durch willkürliche Veräusserungen aus dem Schoos einer Familie hinausgehen mögen, so wird solches wohl auch durch den natürlichen Erbgang einer Tochter um so gewisser haben geschehen können.

hen wegen der beybehaltenen Lehensgemeinschaft ihnen zugleich wiederum zuerkannt wurden. 49)

§. 20.

Wie wenig hingegen die beybehaltene Gemeinschaft in Allodien dem Erbfolgsrecht der Töchter vor den Agnaten im Wege stehen mögen, hievon liegen abermals einheimische Hausbeyspiele vor Augen. Conrads II. zu Freyburg beyde Söhne Friederich und Egon IV. regierten in Gemeinschaft. Dessen ungeachtet forderte Grafen Friederichs hinterlassene einzige Tochter Clara, des Pfalzgrafen Gözens III. zu Tübingen Gemahlin, im Jahr 1357 das halbe Land, und ihr Onkel Egon IV. mußte ihr die Slösser und Herrschaften Lichteneck bey Kennzingen, und Nünborg davon abtreten, auch den Rest mit 1000 Mark Silbers abkau-

49) Nicht also wegen ihrer gemeinsamen Abstammung von Egon Grafen von Urach, sondern die ausdrückliche vorbehaltene Lehensgemeinschaft zwischen beyden Linien Freyburg und Fürstenberg wär der Grund zu solcher manngerichtlichen Erkänntniß.

sen, wobey sie sich dennoch lebenslänglich schrieb: Pfallenzgräfin von Tübingen, Gräfin, und Frau zu Freyburg im Breisgau.

Egon IV. verkaufte sofort schon im Jahr 1368 selbst die schöne Patrimonialstadt Freyburg an die Bürgerschaft, wofür er von den Freyburgern die Herrschaft Badenweiler, und 15000 Mark Silbers baaren Gelds bekam. Die nahen Vettern zu Fürstenberg mußten dabey müssige Zuschauer abgeben, und ihrer ward in dem Kaufbrief nicht einmal gedacht. Wiederum hieher eine Note, wie die obige 48.

§. 21.

Ja selbst alsdann, wo Sohn und Tochter concurrirten, fehlte es nicht an Kennzeichen, daß eine Tochter sich keineswegs von der väterlichen Allodialerbschaft so platterdings abweisen lassen! Vorgedachter Egon IV. hatte einen Sohn Conrad III. und eine Tochter Anna. Nur gegen 6000 Goldgulden that diese den Verzicht auf die künftige väterliche und mütterliche Erbschaft 50) Sie

50) Vielleicht der erste Verzicht in den freyburg- und fürstenbergischen Linien! Er war aber von

Sie war damahls noch unvermählt, und wurde im Jahr 1387. Rudolph III. Marggrafen zu Sausenberg beygelegt. Schon im achten Jahre darauf bekam dieser Rudolph, seiner Gemahlin wegen, von dem Grafen Conrad sein Land und Leute im Jahr 1395 auf den Fall zur Schankung, wenn er ohne Leibeserben versterben würde. Die Schankung zerfiel zwar durch die nachgefolgte Geburt eines Sohns Johannes; aber auch eben dieser,

von dem Grafen Egon, dem Vater auch einzig und allein nur zum Besten seines Sohns, und nicht seiner Stammsvettern von Fürstenberg gemeint, wie dann auch derselbe von der Gräfin Anna nur in Ansehung ihres Bruders geleistet ward, maßen solches die Folge bestättiget. Es läßt sich übrigens hieraus erkennen, in welchem großen Ansehen und Gebrauch damahls schon die römischen Rechte, selbst bey dem hohen Adel, gestanden seyn müssen, denn nach den teutschen Rechten hatte unstreitig der Sohn den Vorzug vor der Tochter, und in so ferne bedurfte es sicher keines Verzichts. Dieser konnte also nur aus Vorsorge

weil er ohne Leibeserben war, beschenkte im Jahre 1444 seinen Schwestersohn Rudolph IV. zu Sausenberg vor der Hand mit der Herrschaft Badenweiler, und als er im Jahr 1457 seine Linie beschloß, fand es sich, daß derselbe durch ein feyerliches Testament bemeldten Marggrafen vollends zu seinen Universalerben eingesetzt hatte. — Und so sind die zwischen den Linien Freyburg und Fürstenberg vormals getheilten Stammlande von der einen Linie von dem Haus Fürstenberg auf die rechtmäßigste und auf eine unangefochtene Weise für allzeit abgekommen! 51)

§. 22.

von der Gräfin Anna gefordert worden seyn, damit sie nicht aus dem Grund des römischen Rechts solches dem Sohn, oder respective Bruder streitig machen, und mit ihm gleiche Theilnehmung an dem väterlichen Erbe verlangen möchte.

51) Den vollen Beweis über die vorherstehende §. §. 155—158. (18—21.) sehe man in der diplomatischen Untersuchung über die Rechte der Todtheilung. 3. Sendschreiben. S. 67—73. allwo vorzüglich angeführt werden:

Schöpflin.

§. 22.

Das alles trug sich demnach zu bey einem und dem nämlichen Haus Freyburg und Fürstenberg — in einer Epoche, wo sicher ebendieselbe Rechte geltend waren, vermöge deren die Gräfin Anna Maria von Fürstenberg, des Freyherrn Christophs Gemahlin, im Jahr 1596 nach dem Tod ihres Herrn Vaters Grafen Heinrichs, desselben hinterlassene Allodial- und Kunkellehengüter, einzig und allein hätte erben und erlangen sollen! Die Linien Freyburg und Fürstenberg waren im Jahr 1457 mit einander in dem nämlichen Verband, in welchem die mit der Zeitfolge — aus dem fürstenbergischen Ast unter sich abgetheilten Linien, die heinrichische — joachim — und albrechtische (§. §. 83. 84.) im Jahr 1596 mit einander standen: dennoch ging die fürstenbergische Linie, als die freyburgische erlosch, und bey allen andern Fällen, wo es auf Erbschaften vor den Töchtern ankam, in dem, was Allodium

Schöpflin. Hist. Zar. Baad. T. I.

Steinhofer neue würtenbergische Chronik. 2 Theil.

Sachsens Geschichte der Marggr. Baaden. I Theil.

Cod. Dipl. Baad. N. 151. 286. 287. et 302.

und nicht in Gemeinschaft beybehaltene Lehenschaft war, stets leer aus: — und gleichwohl ist gewiß, daß die freyburgische und fürstenbergische Linien einerley Schild, Helm und Wappen — den noch jetzigen fürstenbergischen ausgebreiteten Adler fortan beybehielten. 52) Ja sie blieben sogar in einer gewissen Gemeinschaft der Lehen (§. 156. not. 49.) zum offenbaren Kennzeichen, daß sie ihre wechselseitige Stammsverwandniß und Familienrechte, wenn je in solchen ein Vorzug der männlichen Seitenverwandten vor den Töchtern in Beerbung der väterlichen Allodien, und der ohne Vorbehalt getheilten Lehen gegründet gewesen wäre, nie aufgegeben haben. 53)

§. 23.

52) Sachs am angeführten Ort. 1 Theil. S. 192 und 214.

53) Diejenige, und darunter sehr wichtige Gelehrte, welche einzig und allein die Abstammung für den Grund der Erbfolge annehmen, und zugleich — vielleicht wider ihre innere Ueberzeugung behaupten, daß diese Abstammung in Ermanglung der Söhne, fordersamst die Stammsvettern, und dann erst die Töchter zur Erb-

§. 23.

b) Der Verbindung halben mit dem landgräflich und fürstlichen Hause Fürstenberg geht man

Erbschaft der liegenden überhaupt berechtige— solches aber gleichwohl mit der Geschichte so vieler Erbfälle, wo die Töchter mit Ausschluß der Stammsvettern geerbt, allerdings nicht vereinbaren konnten, verfielen auf den Gedanken, daß zwischen denselben eine sogenannte Todtheilung vorgegangen seyn müsse, die alle wechselseitige stammsvetterliche Successionsbefugnisse aufhebe. Dieser Einfall wurde in ihnen bestärkt, da sie in einigen Theilungsurkunden die Worte : datteile, datteilonge antrafen, z. B. in der Theilung zwischen Limburg und Isenburg vom Jahr 1280, dann Epstein und Hanau vom Jahr 1331. *Pütter in iur. Priv. Princ. L. 1. c. 4. §. 39.* Hingegen fanden sie wiederum in andern Urkunden die Ausdrücke Mutschar, mutschieren, welches soviel als eine Nutznießungstheilung anzeigen solle. Nun bey einer solchen hätten die abgetheilten Stammsvettern nach wie vor das

man jetzt zu dem gleich ansehnlichen reichsständischen alten gräflichen Geschlecht der Herren Reichs-

Erbfolgsrecht ohne Unterschied vor den Töchtern behalten. Allein! dieser nur nothgedrungene ausgesuchte Doppelsinn der Theilungen ist, — wenigstens dem jenseitigen Endzweck nach in den Gesetzen unbekannt, und läuft gegen die Geschichte. Das Wort Mutschieren ist ein allgemeines Wort, welches von jeder Theilung gebraucht werden kann. Es bedeutet eine freywillige Theilung (von Muth, gutwillig und Scharen, Theilen, Entzweyschneiden,) sie mag hernach eine Grund und Todt — oder eine bloße Nutznießungstheilung seyn. In dem Kaiserrecht P. 3. c. 11. et 12. werden die Wörter Mutscharen und Theilen promiscue in einerley Bedeutung genommen. — „Ein „jeglicher Mann, der ein gemeinschäftliches „Lehen hat — — der mag Mutscharen, aber „mit des Kaisers Vorwissen. — Theilet „er aber nach diesem gemeinen Kaiserrecht, so „hat er verlohren.„ Mutscharen und theilen — eines wie das andere erfordert, um die

Reichserbmarschallen von Pappenheim über. Mit dem Schluß des 16ten und in dem Lauf des 17ten

 Jahr-

die Erbfolge beyzubehalten, des Kaisers Vorwissen und Erlaubniß. Wird diese von den mutschierenden oder theilenden nicht nachgesucht, so haben sie es nach dem gemeinen Kaiserrecht verlohren. Hundert Theilungen geschahen, in welchen weder datteile noch datteilonge vorgekommen; -- und dennoch wurden die Stammsvettern ausgeschlossen. Hingegen wiederum andere, bey denen das Wort Mutschar gebraucht worden, wo selbige dessen ohngeachtet den Töchtern weichen mußten. Das nemliche obgedachte Haus Isenburg liefert das redendste Beyspiel, und zwar von solcher Zeit, die hier ganz anwendbar ist. Im Jahr 1502 theilten die Brüder Gerlach III. Salentin IV. und Wilhelm; sie sagten: „Sie hätten eine gütliche Mutschar und Theilung gethan — — was unser jeglicher haben und gebrauchen soll,“ — — — Im Jahr 1554 (nur 22 Jahre vor der fürstenbergischen Erbeinigung vom Jahr 1576 §. 3.)

Jahrhunderts sind in demselben fünf Hauptlinien, nämlich die zu Biberbach, zu Rechberg, zu Gräsenthal,

§. 3.) erlosch Salentins IV. mittlere Linie schon in seinem Sohn Heinrich dem jüngern. Seine drey Schwestern erbten dessen Isenburgische Landesportion, ohne Widerspruch der nahen Agnaten von der ältern Linie, und der übrigen Agnaten zu Büdingen; und erst nach vielen Jahren gelang es Salentin V. von der ältern Linie, solches Land von derenselben Erben nach und nach zu erhandeln, und wieder an sein Haus zu bringen. Isenburgische Geschlechtsreihe No. 147. und §. 637. in der diplomatischen Untersuchung über die Rechte der Todtheilung. 3. Sendschreiben. S. 195—200. Hier war also gegen die Agnaten das Mutschar eben das, was datteile und datteilonge. — Nun eine Betrachtung von einer andern Seite! Wenn es nur lediglich auf die Willkühr der Theilenden angekommen wäre, einer Theilung die Wirkung, entweder nach den itzt so vermeinten Mutschierungen, oder nach den Grund- und Todthei-

senthal, zu Stülingen, oder im Algöw, sonst auch die rotensteinische genannt, und jene zu Treucht-lingen,

Todtheilungen selbst beyzulegen, — würde es wohl jemahls sogenannte Todtheilungen gegeben haben, — oder auch solche je nur möglich gewesen seyn, und zwar so häufig, als häufig die Beyspiele sind, daß die Stammsvettern von den Töchterr in Lehen und Eigen ausgeschlossen worden, und jene diesen weichen müssen? — Wahrhaftig! so selten und kaum erfindbar würden sie gewesen seyn, als beyspiellos es ist, daß einer Land und Leute ohne Noth in Wind schlägt; alles hätte ja nur darauf beruht, wie Neoterici meynen, daß die Theilende den nämlichen Geschlcchtsnamen, Titel, Schild, Helm und Wappen nach wie vor zu führen, sich hätten belieben lassen wollen: — dann würden sie, wie man neoterischerseits sagt, wechselseitige — ja was noch mehr ist, selbst gar Notherben wegen der zugleich mit angeblichen Eigenschaft der Stammgüter geblieben seyn. Warum sollten sie also jene Kennzeichen des vermeinten Rechts zur wechsel-

lingen, nebst einigen kleinen Seitenästen in der übrig gebliebenen alesheimischen, nun pappenheimischen

wechselseitigen Beerbung nicht beybehalten — sondern solche so schlechterdings ohne Noth ausgemerzt haben? — Nein! jede Theilung schon an und für sich brach nach geschriebenen und hergebrachten gemeinen teutschen Lehenrechten das Erbe; und so war — und galt es hernach den Theilenden gleichviel, andere Namen und Wappen anzunehmen, oder sich der vorigen zu bedienen. Weit anders verhält es sich, wenn man hingegen den Satz aufstellen wollte, daß bey solcher Bewandniß eben so wenig eine Theilung je geschehen seyn würde — oder doch sey allemal wenigstens ein stillschweigendes Pactum successionis reciprocum dabey zu vermuthen. Fürs erste ist es einmahl unleugbare Thatsache, daß unzählige Ländertheilungen dennoch von jeher geschehen, weil es immer ein sehr natürlicher Trieb war, und noch ist, seine Sache lieber allein, als in Gemeinschaft mit andern zu haben. Fürs zweyte, um gegen den Widerstand

lischen Hauptlinie ausgegangen. Allemahl erbten die Töchter, da es nur auf die Concurrenz mit den Stamms-

stand der Gesetze sich ein Erbschaftsrecht zu verschaffen, bedarf es einer redenden ausdrücklichen Handlung, und eine vermeintlich stillschweigende fällt eben darum ausser den Grad der Vermuthung: die ausdrückliche ist um so mehr, wenn es um Lehen zu thun, nothwendig, weil auch eine nur ausdrückliche lehenherrliche Begnehmigung und Aufnahme der abgetheilten Seitenverwandten in das Lehen, einem solchen Pacto die Wirkung und Rechtskraft gibt. Betrifft es aber Allodien, so sind hier ohnehin die Töchter vor den Stammsvettern ebenfalls von den Gesetzen zur Erbfolge berufen; wobey überdieß noch die natürliche väterliche Vorliebe für die eigene Descendenz hinzukommt, welche von einem oder dem andern abgelegt worden zu seyn, wiederum keineswegs zu vermuthen ist; — oder solches gleichsam gar schon zum voraus anzunehmen, wird sich niemand beyfallen lassen Conf. §. 154. (§. 17.) Graf Hein-

Stammsvettern ankam, wovon auch Fürstenberg einen sehr wichtigen Zuwachs an Land und Leuten erhielt.

Heinrich von Fürstenberg, der Vater unsrer Gräfin Anna Maria — wie hart kam er nicht an die Erbeinigung, oder das in Frage stehende Pactum successorium zwischen ihm und den Herren Grafen Joachim und Albrecht von Fürstenberg im Jahr 1576. (§. 2. 3.) Nur gegen gewisse Bedingnisse in Ansehung seiner sowohl, als seiner Tochter ließ er sich zu demselben bereden (§§. 127—132.) Noch einige Beyspiele von gleicher Art werden demnächstens vorkommen. Ein stillschweigendes, oder es eigentlicher zu sagen, ein stummes Pactum kann demnach hier nur Traum und Einbildung seyn! — Kurz! um die Bedeutung des Worts Mutscharn nur auf die Nießtheilungen einzuschränken, und solche etwa den rutschierenden Landsverwaltungen gleich zu machen, bedarf es einer deutlichen Beschreibung, was man damit meyne, — oder welches auf eines hinausgeht: Nichts als ein ausdrückliches fideicommissarisches Geding, dessen sich

erhielt. In der rotenstein- oder allgöwischen Linie, deren Stifter Heinrich IX im Jahr 1484. starb,

sich die Theilende Pacto mutuo in continenti vergleichen, macht eine Nutznießungstheilung aus. Wie schon erwiesen ist, waren die Linien Freyburg und Fürstenberg nicht sogenannt getodtheilt, noch weniger die von einer Hauptlinie zu einander nächst gebliebenen Linien Freyburg und Baadenweiler, maßen sie alle diejenigen Kennzeichen beybehielten, nach welchen selbige für eine und die nämliche Familie gehalten werden wollten, und wirklich so gehalten worden waren. Pütter l. cit. §. 40. Nur die ausdrückliche Lehensgemeinschaft war aber noch einzig und allein vermögend, daß bey den NB. beyden Linien Freyburg und Fürstenberg die Bergwerke, und der Forst im Breisgau, von welchen unter der Eigenschaft eines Weiberlehens die baadenweilerische Linie auch ihren Antheil besessen, gleichwohl noch verblieben sind, die Allodialherrschaft Baadenweiler erbte hingegen die Tochter mit Ausschluß der Linealvet-

ter

starb, ereignete sich schon mit dem Tod Grafen Johann Joachims um das Jahr 1549 der Fall, daß seine

tern von Freyburg und Fürstenberg: denn bey den Allodien, welche eine abgetheilte Linie schon einmahl zu ihrem Eigenthum inhat, sind die Seitenverwandten vollends schon an und für sich von Rechts- und Gesetzeswegen für todgetheilte, wenn man es doch so nennen will, anzusehen, weil die Tochter in Ermanglung eines Sohns darin vor denselben vermöge der Rechte und Gesetze schon für sich selbst den Vorzug hat. Es kommt also in dem gegenwärtigen Fall, soviel es die allenfälligen Weiberlehen betrifft, darauf an, ob bey der Theilung zwischen den Herren Grafen Heinrich, Joachim und Albrecht von Fürstenberg (§. 2.) beyde letztere die ausdrückliche Lehensgemeinschaft sich ausbedungen, und sich solcher mittelst der hinzugekommenen lehensherrlichen Genehmigung versichert haben, oder nicht? Weil nur ein solches Pactum successionis reciprocae reservativum, et a Domino directo confirmatum ihnen auf allen Fall die

seine zwey Schwestern, und nicht die Agnaten, dessen Allodialgüter geerbt. Im Jahr 1612, als Alexander II mit Hinterlassung einer einzigen Tochter, Anna, vermählten Gräfin von Fugger, verschied, war sie, und nicht der nächste Agnat, Philipp zu Rotenstein, die Erbin seiner — ihm dem Vater zugetheilt gewesenen Allodialgüter, bey welchen auch ihr Gemahl, den sie im Jahr 1616 da sie ohne Leibserben war, zum Erben einsetzte, gegen gedachten Grafen Philipp oberstrichterlich geschützt, und dieser nebst seinen übrigen intervenirenden Agnaten von dem höchstpreislichen Reichshofrath im Jahr 1626 abgewiesen worden war. Landgraf Maximilian von Stülingen beschloß den ganzen allgöwischen Mannsstamm im Jahr 1639. Die Landgrafschaft Stülingen, nebst der Herrschaft Hewen, und Stadt Engen ward aber nicht auf die Agnaten zu Pappenheim — Alesheim übererbt, sondern Stülingen gelangte als ein Reichslehen durch kaiserliche Belehnung auf den maximilianischen Tochtersohn, Graf Franz Maxen von Fürstenberg.

die Lehenserbfolge noch gewähren können. Pütter am angeführten Ort §§. 37. und 38.

In der Linie Biberbach hat sich keine Erbfolge für die Töchter ereignet, weil die von ihr inngehabten Güter, als Biberbach, die Schlösser Eglau, und Lauterbronn, und was sie sonst noch von den uralten pappenheimischen Gütern besessen, nach und nach durch Kauf, ohne die Agnaten darum zu befragen, an die Herren Grafen von Fugger gelangt sind, so daß, als sie im Jahr 1630 erlosch, nicht ein Schuh breit Landes davon an die übrige nahe, und entferntere Linien zurückgekommen.

Die Linie Pappenheim Rechberg oder zu Hohenrechen und Wertingen erlosch im Jahr 1697 mit Franz Adam, und er vererbte die alte pappenheimischen Stammgüter auf seine einzige Tochter Eva, vermählte Gräfin von Fugger Norndorf, von welchen selbige noch in unsern Tagen auf ihre Kinder gebracht worden.

Eben so gieng es in der gräfenthalischen Linie, bey welcher die Brüder Veit und Achatius ihren Theil an den Allodialgütern der Herrschaft Pappenheim wiederum unter sich theilten. Nach dem Tod Joachims des Marschall Veits Sohns erbten dessen fünf Schwestern seinen Antheil; und da auch des Achatius Sohn Christoph Ulrich im Jahr 1599 seine Linie beschloß, so fielen die Allodialgüter auf seine Schwester Anna von Zedwiz, deren Tochter zwar durch die Agnaten in dem Besitz der Erbschaft gestört werden wollte, aber auf die im Jahr 1603 erlangte kaiserliche Strafbefehle dennoch ruhig dabey verblieb.

Die pappenheim-treuchtlingische Linie, welche die vierte Portion an der Herrschaft Pappenheim, und das Schloß Treuchtlingen mit Zugehörde halb als fürstlich-brandenburgisches Lehen, und halb als ein Allodium besessen, liefert wiederum Beyspiele von gleicher Art. Sie war zwischen den Brüdern Rudolph und Ulrich getheilt. Die drey Schwestern des erstern, als er im Jahr 1568 ohne Kinder starb, erbten das Eigen ohne Widerrede der Agnaten; — und so ward auch im Jahr 1647 des letzten treuchtlingischen Stammsprossens, Wolfgang Adams nächste Blutsfreundin Maria Gertraud, vermählte Gräfin zu Oettingen-Spielberg, seine Landerbin in dem Antheil Pappenheims und Treuchtlingen, soviel es Eigenthum war: das Lehen hingegen davon zog Brandenburg, als ein heimgestorbenes ein.

In der solchergestalt nur noch allein übrig gebliebenen pappenheim = alesheimischen Linie zeichnen sich endlich abermals die Erbfolgen der Töchter vor den Agnaten unterscheidend aus; denn auch diese Linie war ebenfalls in mehrere Nebenlinien abgetheilt. Wie solche nach einander in den Jahren 1562, 1612 und 1662 ihr Ende nahmen, so erbten allemahl die Töchter, von welchen jene des Carl Philipp Gustavs so großmüthig waren, den allein noch übrig gewesenen Agnaten Christian Ernst (Stammvater des heutigen reichsgräflichen Hauses Pappenheim) und Johann Friedrich ihre Erbtheile im Jahr 1698 um 54000 fl. abzutreten. 54)

§. 24.

54) Man sollte fast meinen, daß bey diesem vornehmen Haus nach so vielen Zersplitterungen und Vererbungen auf die Töchter kaum noch ein Flecken Lands verblieben seyn möchte. Ungeachtet die Familienfideicommisse um solche Zeit, als in dem 15ten, 16ten, und 17ten Jahrhundert schon ziemlich gäng und gäbe waren, konnten dennoch die Stifter der unterschiedlichen pappenheimischen Linien die Liebe zu ihren

§. 24.

c) In der reichsgräflichen Familie von Montfort bestanden zwischen den Jahren 1250 bis 1525

ren Töchtern, und zur Freyheit über ihr ererbtes und vertheiltes Eigenthum nicht überwinden. — Eine abermahlige Bestättigung dessen, was in der vorhergehenden Note 53. über den Ungrund eines allenfalls zu vermuthenden stillschweigenden Pacti filiarum exclusivi bey den Theilungen oder Mutschierungen gesagt worden! Alles, was die Herren Grafen von Pappenheim thaten, bestand in dem, daß sie im Jahr 1444 in einem sogenannten Burgfrieden sich dahin vereinigten, daß a) die Töchter zum Verzicht — aber nur für ihre Brüder (aus Vorsorge gegen die römischen Vorurtheile) angewiesen, b) bey Erbtöchtern und Erbschwestern den Agnaten die Auslösung der Stammgüter gestattet, und c) bey Verdusserungen den Agnaten der Vorkauf gestattet worden. Dieses Geding ward im Jahr 1534 mit Beyfügung einer Würdigung und Preises der von den Töchtern aus-

1525 drey besondere Linien: die erste zu Bregenz und Tetnang, die zweyte zu Feldkirch, und die dritte

zulösenden Güter erneuert, und sofort im Jahr 1580 auch die Zeit bestimmt, inner welcher das Jus retractus statt haben solle. Ludolph Symphor. Consult. et dec. for. Tom. 1. Consult. 1. Beylag. Num. 2. Hierin liegt nun aber von einer ganzen — sehr ausgebreiteten uralt-reichsständischen Familie das offenbare Zeugniß über den Geist und unverrückte Thätigkeit der Gesetze, daß nämlich die Erbfolge in allen Allodien und Kunkellehen vermöge derselben und des allgemeinen Herkommens den Töchtern vor den Stammsvettern ohne anders gebühre, und daß, um hierunter eine Aenderung, oder auch nur eine Modificirung zu machen, ein ausdrückliches Familiengeding erforderlich sey. So oft in der Folge die pappenheimischen Stammsvettern sich gelüsten ließen, das Erbfolgsrecht der Töchter dennoch anzufechten, als wenn gleichsam jener Burgfriede gegen ihre angebohrnen Rechte errichtet worden, und also sie densel-

dritte zu Sigmaringen. In der sigmaringischen Linie starb Graf Hugo im Jahr 1358 ohne männli-

denselben zu halten nicht verbunden wären, kam jedesmal die oberstrichterliche Hülfe den Erbtöchtern oder Erbschwestern mit vollem Nachdruck zu statten, wovon die abgeurtheilten Beyspiele in den Jahren 1603 und 1626 oben angeführt worden. Die Stammsvettern mußten entweder die Auslösung der Güter mit schwerem Geld berichtigen, oder sie — im Stich lassen. Der alte Marschall Matthäus, (er starb im Jahr 1541) ein Stammsvetter aus der biberbachischen Linie — ein Mann, der eine große Kenntniß sowohl der Rechte — und nicht nur von seinem eigenen Haus, sondern auch mehrern andern illustren Familien besaß (er schrieb auch die Chronik der Herren Reichserbtruchsessen von Waldburg, wovon der erste Theil mit Anmerkungen, Zusätzen und Abhandlungen bereits in Druck befördert, und die Fortsetzung derselben in einem zweyten Theil wirklich unter der Presse ist) sagt in seinem Buch de Orig. Pappenh. cap.

che Erben, und seine väterliche Grafschaft Sigmaringen gieng in linea descendente auf seine zwey Töch-

39. p. 43. „zuletzt sind die Marschälkh von „Pappenheim weyt ausgeprait, und ist die „Herrschaft in vil tail zertrennt worden. „Dadurch sy täglich etwas abgenomen.„ — Ihr neuester Geschichtschreiber Döderlein in seinen historischen Nachrichten von dem Haus der Reichserbmarschallen, Herren und Grafen zu Pappenheim. 1. Th. Schwabach 1739. äussert sich daher p. 388. seufzend mit folgenden Worten:

„Wenn zu rechter Zeit ein beständiges „Fideicommiß angeordnet worden wäre; so „würde das hochgräfliche Haus Pappenheim „den Verlust der Herrschaft und Stadt Gräfenthal in Thüringen, noch weniger die „Landgrafschaft Stühlingen in Schwaben „nebst den schönen Schlössern und Flecken im „Algew, Rotenstein, Calden, Grünenbach rc. „unfern der Iller, am allerwenigsten aber „der so nahe gelegenen bekannten Herr„schaften und Flecken keineswegs, annoch bis

Töchter über. Durch welche sie nach dem Ausspruch Kaiser Carls IV. vom Jahr 1360 an die

„bis auf den heutigen Tag so schmerzlich zu „beklagen und zu bedauren haben; gegentheils aber mit fürstlichen Gütern prangen „können." — —

So war nämlich schon überhaupt die Austheilung des Schicksals! Eine Familie litt darunter, und die andere bereicherte sich. Zu den letztern ist unstreitig das Haus Fürstenberg erwiesener maßen mit seinem ganzen itzt glänzenden Auskommen zu zählen, — das abgerechnet, was Hochdasselbe wegen einer Erbtochter nun auch ebenfalls einem andern Haus — der Herren Grafen Reichserbtruchsessen von Waldburg von Rechtswegen zu leisten schuldig ist. Für die bisher angeführte pappenheimische Geschichte ist der schon gemelde Döderlein in seinen historischen Nachrichten von p. 79—388. Bürge, wie auch die diplomatische Untersuchung 4. Sendschreib. p. 39—51. Moser in seinem Familien-Staatsrecht. 1. Th. c. 8. §. 20. geht darüber ganz

Grafen von Werdenberg 55) — und als auch diese im Jahr 1534 ausgestorben, per pactum successorium an das Erzhaus Oesterreich 56), und endlich durch eine Belehnung an das Haus Hohenzollern kam.

Die Linie zu Feldkirch erlosch im Jahr 1390 mit Graf Rudolph, der weder männliche noch weibliche Nachkommenschaft hinterließ. Er setzte seine Residenzstadt Feldkirch fast in gänzliche Freyheit, und verkaufte vollends seinen altväterlichen Landsantheil

kurz hinweg, und wie es scheint, nicht mit vollkommener Richtigkeit.

55) In Glaseys Anecdotis. Num. 250.

56) Fürstenberg erhielt durch die werdenbergische Erbtochter Anna, welche an Grafen Friedrich von Fürstenberg, Vater unsers Grafen Heinrichs und Joachims vermählt war, die schöne Grafschaft Heiligenberg. Ein beträchtlicher Zuwachs von Land und Leuten an Fürstenberg wiederum durch weibliche Ankunft! Hübners Tab. 266. und Imhof Not. Proc. Lib. 5. cap. 8. §. 2.

antheil im Jahr 3575 an Herzog Leopold von Oesterreich um 36000 fl. Die Agnaten, welche alle den angebohrnen montfortischen gemeinschaftlichen Schild, Helm und Wappen führten, mußten es lediglich geschehen lassen. In der bregenzischen Linie starb Graf Wilhelm um das Jahr 1450 mit Hinterlassung nur einer einzigen Tochter Elisabeth, welche dem Vater in seinem Landsantheil, und namentlich in dem abgetheilten Reichsweiberlehen Bregenz, und in dem stiftkemptischen Weiberlehen Hochenkck succedirte, welche beyde Lehen sie sofort an Herzog Sigsmund um 35592 fl. im nächsten Jahr 1451 käuflich abtrat, ohne daß die nächsten Linealvetter von Tetnang und Pfaimenberg weder gegen die Erbfolge der Tochter, noch gegen ihre Entäusserung was einzuwenden hatten. Den Rest von Bregenz verkaufte Graf Hugo im Jahr 1525 vollends an das höchste Erzhaus. 57)

§. 25.

57) Imhof cit. loc. lib. 7. cap. 7. §. 3. 4. Reinhard in der angeführten Abhandlung. cap. 2. §. 13. 14. Diplomat. Untersuchung ꝛc. 2. Sendschreib. p. 98. 3tes Sendschr. p. 119.

§. 25.

d) Bey dem reichsgräflichen Haus Manderscheid war die Reichsherrschaft Kerpen zwischen den Grafschaften Virneburg und Manderscheid gelegen, seit dem Jahr 1253, da sie Graf Richard von Manderscheid in der brüderlichen Theilung erhalten, eine von den beträchtlichern Besitzungen. Richards männliche Linie erlosch zu Anfang des fünfzehenten Jahrhunderts. Die Tochter des letzten dieser Linie brachte mit Ausschließung der abgetheilten Agnaten solche uralte manderscheidische Herrschaft als Erbin in das Haus Sombref, und erst nach hundert Jahren hatte Graf Dietrich IV von Manderscheid selbige mit einer sombrefischen Erbtochter wieder erheyrathet. 58).

Es haben sich in eben diesem gräflichen Haus noch mehrere Beyspiele von Ausschließung der Agnaten durch die Erbtöchter, besonders bey der manderscheidcunonischen Linie in den Jahren 1550 und

58) Diplomatische Untersuchung rc. 3. Sendschreiben: p. 11. und daselbst Lünigs R. A. T. 23. p. 514. b.

und 1592 ereignet, in welch letzterm Jahr selbige mit Grafen Joachim gänzlich erlosch. Die ansehnlichste theils neu erworbene, theils aber auch alte manderscheidische Stammlande giengen durch fünf Töchter desselben an fremde Familien über, und die Stammsvetter waren sehr damit zufrieden, daß durch die sechste Tochter Anna Salome, welche den Grafen Carl von Manderscheid-Geroldstein zum Gemahl hatte, endlich noch ein Theil der Herrschaften bey dem Geschlecht erhalten würde. In der Eigenschaft von Agnaten ist nicht ein Erdscholle davon auf die zwey jüngere manderscheidischen Hauptlinien gefallen, ob sie gleich insgesammt den gemeinschaftlichen Titel und Wappen beybehalten haben. Es sind zwar verschiedene von jenen Stammsgütern wieder nach der Hand an das Haus Manderscheid gediehen, aber auf eine solche Art, welche überzeugend beweißt, daß die Agnaten als Agnaten kein Recht daran gesucht haben. 59)

§. 26.

59) Diplomatische Untersuchung. 3. Sendschreiben. p. 217. und 4. Sendschr. p. 114. Reinhard cit. loc. 2. cap. §. 70. 71. Moser am vorigen Ort. §. 19. p. 829.

§. 26.

e) Das uralte Reichsgräfliche Haus Hohenlohe theilte sich im Jahr 1220 in zwey Hauptlinien. Gottfried III bekam Hohenlohe und Weikersheim; Conrad aber Endsee und Brauneck. Die Linie des letztern gieng im Jahr 1390 aus. Margaretha, die braunecfische Erbtochter überbrachte das große Allodium auf die Grafen von Hardeck, von denen dasselbe im Jahr 1448 an das marggräfliche Haus Brandenburg verkauft worden. Beyde Linien haben gemeinschaftlichen Titel, Wappen und Panier geführt. Im Jahr 1412 erlosch in dem Grafen Johannes die hohenlohe-speckfeldische Linie: er hinterließ zwey Schwestern, Elisabeth, Gemahlin Friedrichs Schenken von Limburg, und Anna, welche an den Grafen Leonhard von Castell vermählt war. Als Graf Albrecht von Hohenlohe-Weikersheim die Reliquien des altväterlichen — auf den speckfeldischen Stamm gediehenen Landes, weil solches in den sogenannten Stammgütern bestand, die nach seiner Meinung vorerst allein den Agnaten zufallen sollten, für sich also in Anspruch nahm, so erkannten, im Jahr 1413 zehen vornehme Schiedsrichter,

„soll der obgenannte Albrecht von Hohenlohe, „und seine Erben die vorgedachte Grafen Leon„hard von Castell, und Schenk Friederich von „Limburg, und ihre Erben ungeengt, und un„geirret bleiben lassen ohne alle Gefährde. 60)

Hiemit hatte der Streit über das Allodium ein Ende.

Selbst die Reichslehen wurden dem Grafen Albrecht von dem Kaiser Sigismund vor einem Reichsmanngericht im Jahr 1417 ab- und den Töchtern zugesprochen, auch diese damit als mit einem rechten Mannlehen belehnt. 61)

§. 27.

f) Das reichsgräfliche Haus Limburg, welches ebenerwehnter massen eine Vermehrung an Land

60) Entscheidungsbrief in Lünigs R. A. T. 33. p. 54.

61) Ebendaselbst p. 65.

Senkenberg in Meditat. p. 590—593.

Diplomatische Untersuchung rc. 1. Sendschr. p. 10. 2tes Sendschr. p. 129. 3tes Sendschr. p. 18.

Moser cit. l. §. 15. p. 824.

Land und Leuten durch eine hohenlohische Erbschwester erhielt, erlitt itzt aber auch wiederum einen großen Verlust daran durch eine seiner eigenen Erbtöchter. Graf Wilhelm I. von der hohen limburgischen Linie hatte nur eine einzige Tochter Margareth, die er im Jahr 1425 an Gumprecht I. Herrn zu Neuenar vermählte. Der Vater verschrieb ihr die Herrschaft Bedbur zu ihrem Erbtheil, dagegen sie, wenn er noch Söhne erzeugen würde, zu deren Besten auf die Grafschaft Limburg verzeihen sollte. Graf Wilhelm bekam aber keine Söhne, und er übergab daher noch in seinem Leben dem Tochtermann im Jahr 1442 die uralte Stammgrafschaft Limburg. Sie war ein bergisches Lehen, worüber nach der Hand die Frage entstand, ob es ein Weiber- oder nur ein Mannlehen sey? Der Lehenhof erklärte dasselbe nach zehen Jahren für heimgefallen unter dem Titel seiner Mannslehenbarkeit, und belehnte damit die Bruders Söhne des Grafen Wilhelms ex nova gratia, doch bewilligte hierauf der damahlige Herzog von Jülich und Berg der Graffschaft die qualitatem feudi faemininam für die Zukunft, und in dieser Eigenschaft ward auch sofort auf dieselbe den Herren von Neuenar (um sie ihres Anspruchs

wegen

wegen einiger massen zu befriedigen) der Rückfall bedungen, wenn Graf Johann von Hohenlimburg keine Kinder zeugen würde. Der Fall traf ein, da vorgedachter Graf Johann im Jahr 1508 unbeerbt starb. Graf Adolph, der letzte Graf von Neuenar verließ das Zeitliche im Jahr 1589. Seine seit dem Jahr 1546 auf Limburg eventualiter schon mit belehnt gewesene Schwester Magdalena brachte die Grafschaft in das gräfliche Haus Bentheim, welches dieselbe noch besitzt. 62) Warum sahen aber allem diesem die Herren Agnaten von Limburg-Styrum so gelassen zu? Die Hälfte ihrer vermeinten Stammlande ward bey Erlöschung des Mannsstamms in der ältern hohenlimburgischen Linie fremden Häusern zugewandt: — nur die Ueberzeugung konnte es seyn, daß sie unmöglich gegen den Lehenhof, oder gegen die Töchter, oder gegen

62) Chr. Jac. Kremers 2ter Band seiner academischen Beyträge, wo die genealogische Geschichte dieser Familie aus archivalischen Urkunden abgehandelt worden.

Diplomatische Untersuchung ꝛc. 3. Sendschreiben. p. 168.

gen die mitbelehnten Schwestern im Stand Rechtens etwas gewinnen dürften. — Sie behielten ja seit der Theilung von 200 Jahren her doch gemeinschaftlichen Titel und Wappen, und namentlich von der Grafschaft Limburg, welches sie ganz gewiß an die gemeinsame Abstammung von dem ersten Erwerber derselben stets hat erinnern müssen! — —

Dennoch blieb auch in der weitern Folge das Haus Limburg-Styrum bey dem itzt unter sich selbst getheilten Linien ohne fideicommissarische Vorsehung. Graf Georg Ernst, der für seinen Linealantheil die Herrschaften Wisch, Lichtenfort und Wildenburg besaß, starb im Jahr 1666 ohne männliche Erben, und seine einzige Tochter Maria Elisabetha, vermählte Fürstin von Nassau-Siegen brachte diese altväterlichen Güter, nachdem sie über hundert Jahre hindurch von dem ersten Erwerber auf Sohn, Enkel und Urenkel gekommen waren, als rechtmäßige Erbin ihres Vaters in das Haus Nassau-Siegen. — Ihres Vaters Bruders Hermann Ottens Söhne mußten es lediglich dabey bewenden lassen. 63)

§. 28.

63) Spener Op. Herald. P. Spec. L. 2. c. 51. §. 8. Diplomatische Untersuchung ꝛc. 4. Sendschr. p. 99.

§. 28.

g) Das Glück schien aber hingegen von einer andern Seite dem Hause Limburg-Styrum wieder günstiger zu seyn. Graf Johann von Rechberg, der im Jahr 1676 gestorben, hinterließ nur eine Tochter, welche an einen Grafen von Limburg-Styrum vermählt war. Die Agnaten trugen zwar die Herrschaften Hohenrechberg und übrigen Lehen davon; die Herrschaft Illeraichheim fiel aber an die Erbtochter, und mit ihr auf Limburg-Styrum. 64)

§. 29.

h) Der wichtige Rechtsstreit zwischen den Häusern Leiningen-Hartenburg, und Leiningen-Westerburg ist durch den öffentlichen Druck allgemein bekannt: die geschickten Federn ihrer vornehmen Sachwalter machten ihn vor etwan vierzig Jahren berühmt. Reinhard von Westerburg hatte die einzige Schwester Margareth des Grafen Hessons, welcher auch Landgraf hieß, und seine Linie im Jahr 1467 beschloß, zur Ehe: sie war demnach seine ungezweifelte Intestaterbin, so weit sein Land in Eigen bestan-

64) Moser am angeführten Ort. c. 8. §. 21 p. 830.

bestanden; wegen der Lehen hingegen, wenn es gleich Weiberlehen gewesen, bedurfte es noch vieler Unterhandlungen, weil die Lehenhöfe solche für heimgefallen erklärten, und sie einzogen, aus dem ächtteutschen Rechtsgrund, daß sie, Frau von Westerburg als eine Schwester, und nicht Tochter des letzten Vasallen daran nichts zu fordern habe. Die Familie Westerburg, welche nun auch den Namen Leiningen mit annahm, blieb 150 Jahre in dem unangefochtenen Besitz der leiningen-hessonischen Allodien. Erst um das Jahr 1618 geriethen die Stammsvettern von Leiningen-Hartenburg auf den Einfall, als wenn es im Jahr 1467 unrechtmäßig gewesen, daß die Gräfin Margareth ihres Bruders Allodiallande geerbt: Westerburg ward also hierüber von Hartenburg ganz unerwartet angefochten, von Seiten des letztern Theils blieb aber bald alles wiederum bis 1707 auf sich erliegen.

Unter den Schriften für Leiningen-Westerburg, und folglich für die Erbfolge der Töchter vor den Stammsvettern zeichnen sich die so betitelte rechtliche Auszüge besonders aus, deren Verfasser der gelehrte Herr von Senkenberg war, — ein Name, der schon für sich Gewicht gibt. In gedachten

dachten Auszügen von §. 45. bis 58. wird eine Menge Beyspiele ausser dem Hause Leiningen angeführt, die alle bewährende Beweise sind, daß nach einer durchgängigen Gewohnheit unsers Vaterlandes die Töchter einer Linie vor den männlichen Seitenverwandten stets den Vorzug gehabt, wenn nicht ausdrückliche Familiengesetze was anders verordneten. Selbst von der Zwischenzeit 1467 bis 1618 — und selbst aus dem Haus Leiningen wird dort ein merkwürdiger Erbfall unter die Augen gelegt, wo noch im Jahr 1506 bey Ausgang des leiningenrixingischen Stammes die Töchter das uralte Stammgut Rixingen, und die übrigen altleiningischen Güter solcher Linie vor dem Mannsstamme der Seitenlinien geerbt haben. 65)

§. 30.

1) Vorzüglich merkwürdig sind die Erbfolgsansprüche der Töchter und respective Schwestern selbst gegen ihre Brüder in dem altgräflichen wertheimischen Haus. Dasselbe war in zwey Linien, Wertheim zu Wertheim, und Wertheim-Breuberg

 getheilt.

65) Rechtliche Auszüge §. 27. 63. 104. Conf. Moser am angeführten Ort §. 16. p. 824. und §. 17. p. 827.

getheilt. Die erste erlosch im Jahr 1497. Durch eine Abfindung mit den Schwestern des letzten Grafen von Wertheim-Wertheim, Johannes III. kam dessen Landantheil an den Grafen Michael II. von Wertheim-Breuberg. Er hatte eine Schwester Amalia, vermählte Gräfin von Nuenar, welche bey ihrer Vermählung auf die väterliche Erbschaft den Verzicht nicht that, und daher nach dem Tod ihres Vaters, Grafen Wilhelms, sich zur Hälfte der Verlassenschaft gleich dem Sohn Grafen Michael berechtiget hielt; dieser fand sich auch wirklich genöthiget, solchen Anspruch durch einen gütlichen Vergleich im Jahr 1532 mit ihr zu heben, wobey sie sich aber ihre vorige Erbgerechtigkeit vorbehielt, wenn Graf Michael III, ihres vorgedachten Bruders Enkel, ohne männliche Leibserben abgehen sollte. Der Vertrag ward unterm 20 Juni eben gemeldten Jahrs von Kaiser Carl V. nach seinem völligen Inhalt bestättiget.

Vorbesagter Michael III. war ein Sohn Georgs, welcher letztere vor seinem Vater Michael II. starb. Als dieser kaum verblich, meldten sich schon alle desselben Töchter zu der väterlichen Erbschaft zu gleichen Theilen gegen erwähnten Michael

chael III. Die drey jüngern Töchter, welche Klosterfrauen waren, ließen sich durch einen Vergleich befriedigen; und so kam es auch zu einer gütlichen Abkunft mit der vierten, einer vermählten Gräfin von Castell im Jahr 1536. Mit der fünften hingegen, Maria, Gemahlin Grafen Eberhards von Erbach gedieh der Rechtsstreit ans Cammergericht, allwo unterm 2ten December 1549 das Urtheil erging, daß die Gräfin Maria von Erbach für eine Erbin ihres Vaters, Grafen Michaels zu Wertheim zu erklären, mithin die wertheimischen Vormünder (Michaels III.) schuldig seyen, derselben ihren gebührenden sechsten Theil ihres Vaters nachgelassener Erbschaft sammt den Nutzungen, so sie seit des Grafen Michaels II. Absterben eingehoben, zuzustellen, und folgen zu lassen. Sie leistete ebenfalls keinen Verzicht, und dieß war schon genug, ihr behauptetes Erbfolgsrecht gerichtlich durchzusetzen. Jedoch auch diese Sache ward endlich am 12ten Febr. 1551 zwischen Wertheim und Erbach noch gütlich abgethan.

Hier zeigen sich also Beyspiele (freylich von ganz seltener Art), wo Töchter und Schwestern selbst gegen Söhne und Brüder, oder repräsentirenden Neffen ihren Theil an den väterlichen Allodien forderten, und womit sie auch in dem oberstgerichtlichen Wege noch im Jahr 1549 auslangten. — Kann man sichs wohl vorstellen, daß nur einige 40 Jahre darnach für unsre einzige unverziehene letzte Tochter der Grafheinrichischen Linie, Maria Anna von Fürstenberg in Absicht ihrer nebenseitigen Stammsvettern ein minderg*ü*nstiges oberstrichterliches Urtheil im Jahr 1596 hätte ausfallen können? — 66)

§. 31.

66) Pütter in seinen Rechtsfällen. 2ten Bands 1. Theil. Ded. 85. §§. 111 — 117. p. 110. vom Jahr 1769 liefert die Geschichte dieser wertheimischen Erbsverhandlungen. Es kommen daselbst unter andern folgende Themata generalia vor, die anher ihre Anwendung verdienen: XXII. In diiudicandis controversiis successionis familiarum illustrium a saeculo XVI inde adhiberi non possunt principia iuris, prouti *hodie cognoscuntur*; sed quae obtinuerunt *eo tempore*, quo casus successionis exstitit, etiamsi vel maxime hodie *erronea* ea perspiciantur. XXIII. Sic intelliguntur *fata* successionis Wertheimensis per saeculum XVI. a Filiabus, earumque

§. 31.

k) Nur noch eines zum Beschluß dieses dritten Absatzes, weil es das landgräfliche und fürstliche Haus

que posteris *turbatae* iam *ante*, quam stirps mascula *plane extincta* esset. — — In den Summarien steht zum voraus der gleichsam für richtig angenommene Satz: §. 109. von rechtswegen hätte währenden Mannsstamms keine Tochter Anspruch machen sollen; §. 110. aber nach den damahligen römischen Rechtsmeynungen — — meldeten sich dieselbe schon vor der Zeit. — — Ferner §. 119. „alle diese „Forderungen, welche von wertheimischen „Töchtern, bey noch blühendem Manns„stamm gemacht waren, mochten an sich be„schaffen seyn, wie sie wollten, und nach den „heutigen Einsichten möchte noch soviel da„bey zu erinnern gewesen seyn; so war doch „nach den damaligen Umständen nichts ge„wisser, als daß am Kammergericht, auf dessen „Entscheidung in allen diesen Sachen am Ende „alles ankam, eben so wie es in der erbachi„schen Sache erkannt hatte, unfehlbar alle

Haus Fürstenberg wiederum selbst angeht! —— Im Jahr 1626 starb Georg Wilhelm zu Helfenstein ohne

„und jede klagende Töchter, oder weibliche „Nachkommen zu ihrem Zweck gelangt seyn „würden. —— An einem andern Ort, in Syll. Iur. Priv. Principum diss. III. de Normis decid. success. famil. illustr. controvers. §. 68. p. 228. schreibt derselbe im Jahr 1757: aliis nunc oculis cernuntur leges familiarum illustrium; nämlich nach der heutigen schönen Cultur des teutschen Rechts wären die Töchter, solang nur Mannsstamm vorhanden, von allen liegenden Gütern schon an und für sich ausgeschlossen, und wenn sie auch keinen Verzicht gethan, doch pro renunciatis ipso iure zu halten; wie er solches in der — im Jahr 1767 abgefaßten Deduction, die in dem schon angeführten Band und Theil seiner Rechtsfälle Nro. 183 gedruckt ist, in der Absicht behauptet, um den Ungrund einer Regredienterbschaft zu Gunsten der gräflichen limburgischen Allodialerben zu erweisen. Allein auch dieser große Staatsrechtslehrer hat eben nicht stets den nämlichen Weg in seinen aus-

ohne Kinder; sein Agnat Graf Rudolph wollte ihm succediren; besagten Grafen Georg Wilhelms Mutter

ausgebreiteten Kenntnissen eingehalten; fordersamst kann man allerdings nützlich annehmen, daß ein Erbfall, der einer gerichtlichen Entscheidung unterliegt, nach jenen Rechten zu beurtheilen sey, welche damahls das Uebergewicht hatten, als sich der Erbfall wirklich ergeben: wenn demnach eine wertheimische Tochter, Maria Gräfin von Erbach, selbst gegen einen Bruder, oder welches hier eines ist, gegen dessen ihn repräsentirenden Sohn, in dem Anspruch ihres väterlichen Erbtheils, vor einem höchsten Reichsgericht im Jahr 1549 obgesiegt, so ist nach den eignen Worten Pütters, nichts gewisser, als daß auch im Jahr 1596 unsere Gräfin Anna Maria von Fürstenberg in ihrer Forderung der väterlichen Allodialverlassenschaft um so zuversichtlicher gegen ihre nebenseitige Stammsvettern, da ihnen kein Familiengesetz mehr zu statten kommen konnte, und die Tochter keinen Verzicht geleistet, vor einem höchsten Reichsgericht obgesiegt haben, und zu ihrem

Mutter und Schwester aber ihm kein Successions-

recht

ihrem Zweck gelangt seyn würde, und noch gelangen müsse. Da aber eben derselbe vortreffliche Pütter zugleich daselbst sagt, daß von rechtswegen keine Tochter während dem Mannsstamm einigen Anspruch hätte machen sollen, und solches nur den damahligen römischen Rechtsmeynungen zuschreiben will, so muß man ihm — und zwar aus ihm selbst entgegen seyn, wenn er den Mannsstamm über die Gränzen der eignen männlichen Linealdescendenten — oder die Concurrenz der Töchter mit den Söhnen, auch auf die abgetheilte männliche Stammsverwandten erstreckt. Es sey erlaubt, von desselben andern öffentlichen Druckschriften nur einige Stellen, die schon anderswo angeführt worden §. 148., hier wiederum in Erinnerung zu bringen. In dem zweyten Themate Generali respective XIII. vom Jahr 1758 2ten Bands 1sten Theil heißt es: Filiae non renunciatae succedere possunt, nisi *speciali* fundamento adhuc ipso iure, pro renunciatis haberi possunt. — Worauf dieses spe-

ciale

recht eingestehen, und die Sache gedieh vor dem Cam-

ciale fundamentum ankomme, lehrt er im ersten Band Deduct. III. §. 56. p. 34. vom Jahr 1753. „daß wo kein besonderes Familiengesetz „zum Vortheil des Mannsstammes vorhan„den, die Töchter selbst in väterlichen und alt„väterlichen Gütern mit ihren Brüdern oder „Stammsvettern zu gleichen Theilen ge„hen.„ Man wiederhohlt es noch einmahl: hier ist nicht über die Frage einer Concurrenz der Töchter mit den Söhnen, oder respective Schwestern mit den Brüdern, sondern einer Tochter mit abgetheilten Nebenstammsvettern zu erkennen. Um so mehr muß man sich aber billig verwundern, daß so berühmte öffentliche Lehrer, welche gleichsam den Ton der Rechtswissenschaft angeben, den Töchtern selbst mit den Brüdern die Theilnehmung an väterlichen und altväterlichen liegenden Gütern in Ermanglung eines Hausgesetzes, wegen des großen Ansehens und allgemeiner Aufnahme der römischen Rechte, heute einräumen, und morgen sogar alsdann, wo sie mit den Stamms

Cammergericht zu einem großen Proceß; endlich aber verglichen sich beyde Partien unter würtenber-
gischer

Stammsvettern concurriren, solche ihnen wiederum absprechen, und es für unrechtmäßig erklären; daß Töchter währendem Mannsstamm je Ansprüche auf liegende Güter gemacht, und darmit bey höchsten Reichsgerichten Gehör gefunden haben. Aliis nunc oculis cernuntur, et vel maxime *bodie* ea erronea perspiciuntur: — so sahen also diese scharfsichtigen Augen — die nämlichen in den Jahren 1757. 1767. und 1769 anders, als eben dieselbe in den Jahren 1753 und 1758 gesehen haben! Wie können doch die Töchter *ipso iure* pro renunciatis geachtet werden — und wie in der Concurrenz mit den Stammsvettern, wenn nur allein ein — zum **Vortheil** des Mannsstamms vorhandenes besonderes Familiengesetz sie allenfalls zum Verzicht anzuhalten vermag? — Nein! ein so grosser Pütter ist mit sich selbst nicht uneins, er meynte die renunciationes filiarum ipso iure iam praestitas, wenn sie auch nicht geschehen sind, nur in Absicht der

con-

gischer Mediation so, daß die Güter der Schwester verblieben. 67) Diese Schwester war Johanna Eleonora, welche den Grafen Vratislaus von Fürstenberg zum Gemahl hatte. In den Acten von 1750 ließt man hierüber noch folgende Umstände: daß nämlich helfensteinischerseits schon sogar der Besitz von Mößkirch (einer helfensteinischen Stadt und Grafschaft) genommen, dasselbe aber wiederum von Fürstenberg mit Hülfe der mößkirchischen

Bürger

concurrirenden Töchter mit den Brüdern, gegen welches wir nichts einzuwenden haben, nicht aber eben so in der Concurrenz mit den Stammsvettern; denn da haben sie die teutsche und römische — oder wie man will, die römisch-teutsche — oder teutsch-römische Rechte, wie nicht minder auch das Herkommen auf ihrer Seite; und offenbar bedarf es so doch eines feyerlichen wirklichen Verzichts, wenn man andrerseits die Ausübung solcher angebornen wichtigen Befugniß hintertreiben zu können sich berechtigt glauben will!

67) Es sind die eigene Worte Mosers am oft angeführten Ort. §. 14. p. 824.

Bürger entsetzt, und mit Gewalt verdrungen worden sey. 68)

§. 32.

68) Diese Geschichte verbürgt man in soweit, als sie disseits dem fürstlichen Gegentheil nicht nur einmahl vorgeworfen, von demselben aber eigentlich nicht widersprochen worden ist. Graf Vratislaus von Fürstenberg vermählte sich nach dem Tod seiner gedachten ersten Gemahlin, die im Jahr 1629 starb, das zweytemahl wiederum mit einer von Helfenstein, Francisca Carolina, des obengemeldten Agnaten, Rudolphs, des letzten Grafen von Helfenstein Tochter, welche in des Hübners Tabelle 267. und 492. erst für die Erbin von Möskirch und Gundelfingen angegeben wird. Hiemit scheint auch allerdings übereinzustimmen, was der nämliche Moser in dem Familien-Staatsrecht in dem folgenden 9ten Kap. §. 26. p. 876. hierüber wiederum anführt. Dem sey aber, wie ihm wolle, so bleibt doch immer richtig, daß Vratislaus von Fürstenberg schon wegen seiner ersten Gemahlin den Anspruch auf die Güter ihres Bruders Georg Wilhelms gegen den

§. 32.

Aus allem dem, was bisher in den drey ersten Absätzen von (§§. 2—31.) — und wie man hoffen darf, gründlich vorgelegt worden, sollen bewährteste Männer die Folge mit eigenen Worten selbst machen!

„Seynd

den Agnaten Rudolf bereits rege gemacht, und sich derselben versichert, bevor er des letztern Tochter Francisca Carolina, die sogenannte Erbin von Mößkirch und Gundelfingen (die Herrschaft Wiesensteig gehörte auch dazu) sich beygelegt, und bevor selbst Rudolf ihr Vater im Jahr 1627 das Zeitliche verließ. Und endlich — wie steht es aber nun mit der terra salica, oder mit der lege salica, wenn diese oder jene auf die heutigen meisten Besitzungen von Fürstenberg je angewendet werden wollte? Die Landgrafschaft Baar, Fürstenberg, die Herrschaften Ueberwald, Wartenberg, die Landgrafschaft Stüllingen, Herrschaft Höwen, Stadt Engen, die Grafschaft Heiligenberg, die Grafschaft Mößkirch, die Herrschaft Gundelfingen — sind die-

„Seynd die Töchter in allodialen unbewegli-
„chen Gütern ordentlicherweise successions-
„fähig, oder nicht? — — Ich bin dieser
„Meynung: Fideicommisse und Stamms-
„güter sind eine Erfindung neuerer Zeiten,
„davon man vormals nichts gewußt hat, son-
„dern die Söhne schloßen zwar ihre Schwe-
„stern, diese aber die Agnaten, in allodio,
„(und in Kunkellehen iure proprio feudorum
„quaesito) — aus, und wahrscheinlich eben
„darum, um nemlich diesem letzten vorzukom-
„men, hat man die Verzichte derer Töchter,
„und die Familienfideicommissa einge-
„führt; Solchemnach haben die Töchter al-
„lerdings in allodio, (uti in feudis faemininis)
„ein ursprüngliches Successionsrecht in An-
„sehung der Agnaten, und ist also in dubio
„auch itzt noch darauf zu sprechen. 69)

„Was —

ses nicht lauter Bereicherungen des Hauses Fürstenberg durch weibliche Ankunft, ohne welche es in ein paar Obervogteyen eingeschränkt seyn würde? — Genug! — —

69) Moser in dem mehr belobten Familienstaatsrecht. 9 Kap. §. 54. p. 916.

„Was — die Allodialgrafschaften, Herr„schaften und andere einzelne nicht lehenbare „Güter anbelangt; so ist in meinem Tractat „von der Reichsstände Landen mit mehrerem „ausgeführt, (15. Kap. p. 194.) daß in den „mittlern Zeiten, deren Besitzer selbige bey ih„rem Leben haben ganz oder zum Theil ver„kaufen, vertauschen, ihren Töchtern zum „Heyrathgut geben, verpfänden, oder son„sten damit nach Belieben schalten und wal„ten können, ohne daß man von Domainen, „oder unveräußerlichen Cammer- oder „Stammgütern etwas gewußt hätte; bis „nach und nach zur Erhaltung des Hauses „und Regenten, durch Familien- oder Lands„verträge, Testamente, u. d. in immer meh„rern Häusern dem Besitzer die Hände ge„bunden worden seynd: welches aber res „facti ist, und erwiesen werden muß, bis „dahin es bey der natürlichen und altteut„schen Freyheit verbleibt.

„Wo nun in diesem Zeitlauf ein Graf, „oder Herr Söhne und Töchter zugleich „hatte, und ohne Disposition über seine Lande

„verstarb, da erbten (kraft altteutschen „Herkommens) die Söhne allein; und die „Töchter mußten mit einem Heyrathgut zu„frieden seyn. Hinterließ aber ein Graf oder „Herr allein Töchter, so schloßen dieselbe die „Vetter vom Haus aus, wenn nicht durch „Testamente, Familienverträge u.d. die Gü„ter zu Stammgütern gemacht worden. 70) „Das Heyrathgut und die Aussteuer sind so „wenig eine totale Abfertigung, als die Apa„nage eines Nachgebohrnen, sondern es ist „eine blosse Interims-Abfertigung bis auf „den sich ereignenden Anfall des Gan„zen. 71)

„In bonis, quae non beneficii (stricte „masculini) jure possidentur, hodie faeminis „in successione locus est regulariter, nisi p r o„b e t u r contra eas exclusio lege, c o n s u e-

t u d i-

70) Ebenderselbe in seinen Abhandlungen verschiedener Rechtsmaterien. 16 Stück. II. p.806.

71) Wiederum derselbe in dem Familienstaatsrecht. 9 Kap. §. 55. p. 917.

„tudine, pacto, usu firmata vel alia di„spositione valida 72)

„Adeliche Töchter erben sowohl ihrer Vä„ter, Brüder und Vetter Allodialverlassen„schaft, als die Söhne, Brüder und Vettern, „wenn sie keinen Verzicht darauf gethan. 73)

„Das kaiserliche Cammergericht hat auch „ganz neulich erkannt, daß den Allodialgü„tern, welche von den Vorfahren herkom„men, keine qualitas stemmatica auf„liegt, wenn kein Lex, kein Testamen„tum solche erweiset. 74)

72) Ludolf de jur. faem. illustr. Sect. 2. Membr. I. §. 7.

73) David Georg Strubens im 131 Bedenken. 2. Th. p. 493.

74) Cramers wezlarische Nebenstunden. P. XVIII. p. 77.

II.

Ueber das Erbrecht des zweyten Ehegatten im Anspachischen.

§. 1.

Ich bescheide mich gar zu wohl, daß es recht viele in diesem Lande gibt, die so gut von den vaterländischen Rechten und Gewohnheiten als von den gemeinen Rechten deutliche Begriffe und eine solche Fertigkeit haben, alle Beziehungen dieser Materie eben so leicht zu übersehen, als die Uebereinstimmung und Abweichung jener Rechte hierin bestimmt anzugeben.

An mich geschehene Fragen und Unterredungen haben mich aber überzeugt, daß es doch auch noch viele gibt, die diese deutlichen Begriffe und Fertigkeit nicht so wie jene in ihrer Gewalt haben. Für diese also, nicht für jene folgende Bemerkungen, damit selbige sich nicht bemühen dürfen zu sagen: „Wie sollt uns dieser weisen, was gut ist„!

§. 2.

Die Hochfürstlich - Brandenburg - Anspachische Amtsordnung vom Jahr 1608. verordnete im

13. Titel, in Ansehung der Wittwer oder Wittwen, die Kinder erster Ehe haben, wenn sie zur zweyten Ehe schreiten wollen: „Es sollen auch

„III. alle Gefahr und Verletzung der Kinder „voriger Ehe mit Fleiß verhütet und dem neuen „Ehegenossen anderer oder weiterer Ehe, mehr „nicht als ein gleicher Kindstheil verschrieben und „zugewendet werden.„

§. 3.

Es ist diese Verordnung offenbar aus den gemeinen Rechten und besonders der

l. hac edictali 6. C. de sec. Nupt. (non sit ei licitum, plus relinquere) quam filio vel filiae, si unus vel una exstiterit

und der Nou. 22. C. 27.

— nisi tantum, quantum unus filius aut filia solus existens ex generante habeat —.

ausgehoben und in jenes Landgesetz aufgenommen worden; zum apodiktischen Beweis, daß diese Gesetzstellen des römischen Rechts in hiesigem Land ihre Anwendung auf die Erbfolge heut zu Tag noch haben.

§. 4.

So gewiß nun dieses ist, und so deutlich sie zu seyn scheinen: so gewiß ist es auch, daß sich bey deren Anwendung in Teutschland und auch in hiesigem Land mancher Stein des Anstosses im Wege finden dürfte. Dergleichen sind a) der gesetzliche Erbtheil, den ein überlebender zweyter Ehegatte hier oder da in einem Lande haben kann, und b) die Gütergemeinschaft, deren Natur mit sich bringt, daß solcher ohnehin seinen Antheil an der Errungenschaft währender Ehe mit dem anderweit sich verheirathet gehabten Ehegatten bekommen muß.

§. 5.

Es ist daher vom Herrn Hofgerichtsadvocaten Lenz in den Bemerkungen über das Erbrecht des zweyten Ehegatten, besonders in Rücksicht auf den heutigen Gebrauch der l. hac edictali 6. C. de sec. Nupt. und der Nov. 22. c. 27. (1781) §. 17. diese Regel mit Grund angegeben worden;

„Alles dasjenige, was der letztlebende Ehe„gatte kraft eines besondern Gesetzes oder der „Gütergemeinschaft erhält, gehört demselben ohne „Rücksicht auf die l. hac edictali ganz frey; das„jenige

„jenige aber, was ihm von dem Verstorbenen „aus freyer Macht und willkührlich verschaft „worden, ist der Bestimmung der l. h. edictali „unterworfen und muß nach demselben beurtheilt „und abgemessen werden.„

Mit diesem Grundsatz wird man daher alle Erbfälle, so verschieden auch die Provinzial- oder Statutarrechte seyn mögen, beurtheilen und entscheiden können.

§. 6.

Nicht bloß nach den gemeinen Rechten a) sondern selbst nach dem Landesgesetze b) erbt, wenn bey

a) Hellfeld Iurisprud. for. §. 1649.

b) Ansp. Amtsordnung Tit. 12. „zum III) Wann „sich aber überdiß andere und sonderbahre „Erbfälle zutrügen, nemlich so auf Absterben der Eheleute Kinder vorhanden, die mehr „dann aus einer Ehe gebohren, und doch deßhalben hievon zwischen den Eheleuten kein „besonder Geding fürgangen, so erbt jedes „Kind seinen rechten Vater und Mutter.„

bey einem Erbfall Kinder von verschiedenen Ehen vorkommen, jedes seine Eltern, und nach dem auf eine Gütergemeinschaft sich gründenden Landesgebrauch ist die Errungenschaft gleichheitlich, weil nach dem Ausschreiben vom 27. Nov. 1708. der Erwerb dem Manne und die Erhaltung des Vermögens der Frau zugeschrieben wird.

Es folgt also daraus, daß I) das Eingebrachte des zweyten Ehegatten, weil es ausserdeme nicht möglich wäre, daß ihn seine allenfalsige Kinder allein erben könnten, so wie II) die Hälfte der Errungenschaft vorher weggezogen werden müsse, ehe man III) den obgedachten Kindstheil bestimmen könne, denn jener Vorzug und Errungenschaftshälfte gehört dem überlebenden zweyten Ehegatten ohne Rücksicht der l. hac edict. ganz frey.

§. 7.

Ob nun gleich die landesgesetzliche Verordnung (§. 1.) in allen Bestimmungen mit denen des römischen Rechts über das Erbrecht des zweyten Ehegatten, weil sie nichts besonders disponirt, und nur die Kinder erster Ehe von aller Gefahr und Verle-

Verletzung versichert wissen will, übereinkommen wird: so weicht sie doch darin, nämlich bloß in der Bestimmung der Portion, die dem zweyten Ehegatten zukommt, ab; denn so wie dieses, das römische Recht, solchem, je nachdem bey dem Absterben des Ehegatten nur ein oder mehrere Kinder voriger Ehe am Leben sind, nur einen so großen Theil zuläßt, als im erstern Fall dem einzigen Kind vermacht worden, oder es zum Pflichttheil hätte bekommen sollen; im letztern Fall aber eines der mehrern Kinder zu beziehen hätte, oder dasjenige erlangte, das nach der elterlichen Disposition am wenigsten zu erhalten hat, je nachdem nämlich die mehrern Kinder bey dem elterlichen Erbe gleich oder ungleich concurriren sollten, und in diesem Fall das die geringste Portion bekommende Kind nicht bis unter den Pflichttheil, der ausserdem die Norm zu dem wäre, was der zweyte Ehegatte bekommen müßte, verkürzt worden ist, mithin selbiges nach der einem Kind erster Ehe testamentlich ausgesetzten Portion oder dem Pflichttheil abmißt; so führt hingegen jene die Amtsordnung in diesem Stücke alles auf die Intestaterbfolge zurück, und bestimmt dem zweyten Ehegatten neben dem, was ihm im Voraus und an und für sich selbst schon gehört, nur einen Kindstheil, das ist, nur eine solche Portion, die ein Kind ab intestato aus dem elterlichen Vermögen erhalten würde: denn Kindstheil ist eine Redensart, die nur in die Lehre von der Intestaterbfolge gehören kann, weil dort nur der Gegenstand vorkommt, den sie bezeichnet.

§. 8.

Nach den Anspachischen Landesgesetzen und Gewohnheiten bekommt also, wenn nichts anders pactirt worden, oder, nicht eine ganz besondere Gewohnheit an einem Ort oder in einer Gegend noch gilt, der überlebende zweyte Ehegatte, bey der Theilung des verstorbenen sich zum zweyten- oder ostermahlen verheyrathet gehabten Ehegattens,

1) das Eingebrachte oder Zugeheyrathete (§. 6.) und

2) die Hälfte der Errungenschaft zum voraus, sodann

3) den nach deren Abzug erst zu bestimmenden Kindstheil, und welches nur nebenhin zu bemerken,

4) die Nutznießung von dem, was dessen Kinder, d. i. die der zweyten Ehe ererben. a)

a) Hochf. Ausschreiben vom 13. Febr. 1699.

§. 9.

Solchemnach würde, um nur ein Beyspiel zu geben, die Berechnung des Kindstheils des zweyten Ehegatten, wenn er dem zum zweytenmahl sich verheyratheten, der mit seinem Ehegatten voriger Ehe, angenommen, ohne etwas zusammen zu bringen, durch besondern Fleiß, Arbeit und Sparsamkeit 12000 fl. erworben, und also bey der Abtheilung mit seinen 2. Kindern erster Ehe,

a) die Hälfte der Errungenschaft von 12000 fl.
mit 6000 fl. . . 6000 fl.

6000 fl.

und

b) den gesetzlichen Kindstheil, der hier, da 2. Kinder vorhanden ⅓tl. das ist 2000 fl. 2000 fl. ist;

4000 fl.

mithin für sich . . 8000 fl. bekommen hat, nicht nur . . 2000 fl. angeheyrathet, sondern auch . . 3000 fl. wieder während der Ehe erwerben

oder

oder erhalten helfen, so daß sich also das Vermögen beyder in zweyter Ehe gelebten Ehegattens Absterben auf		13000 fl. belief,	
so ausfallen:			
Im Voraus bekommt der überlebende Ehegatte			
1.) die zugeheirathete	2000 fl.	. .	2000 fl.
und			
2.) die Hälfte der Errungenschaft mit	1500 fl.	. .	1500 fl.
	3500 .	3500 fl. .	3500.
Da nach deren Abzug		9500 fl.	
verbleiben, so kommt bey deren Vertheilung, unter den überlebenden Ehegatten,			

und

und die 2 Kinder voriger Ehe, nachdem angenommen worden, daß aus zweyter Ehe keine Kinder vorhanden sind, zum $\frac{1}{3}$tel oder Kindstheil	3500 fl.	. . 3500 fl.
	7000.	
mithin in allem		7000 fl.

auf des zweyten Ehegatten Theil.

§. 10.

Diesem zu Folge kann also bey einer weitern Verheyrathung einer Person mit Grund und unter Beystand der gemeinen und Landesrechte, wenn man will, ausgemacht werden, daß diese 3. oder 4. Puncte nach dem Tod des Mannes oder der Frau gelten sollen.

§. 11.

Inzwischen, wenn auch keine besondere Ehepacten errichtet werden wollten, wird es doch darnach gehen, und der überlebende Ehegatte

a) sein Eingebrachtes

b) die

b) die Hälfte der Errungenschaft. 1)

und

c) den Kindstheil, der ausser der Bedingung in dem 4 §. des 13. Titels der Amtsordnung, weder vermehrt, es seye direct oder indirect, nämlich in fraudem legis; noch verringert werden kann, 2) weg bekommen; weil nur, was die Gränzen dieser bestimmten Stücke übersteigt, der l. 6 C. so unterworfen ist, daß es als nicht verschafft angesehen werden muß. 3)

In Ansehung

d) der Nutznießung von dem, was die Kinder zweyter Ehe erhalten, kommt es darauf an: ob dergleichen vorhanden sind, oder nicht?

III. F. I:

1) Billig ist es aber auch, daß wenn in dieser Ehe zurück gehauset, der zweyte Ehegatte auch pro rata den Verlust tragen helfe.

2) Mit Lenzens Worten, c. l. §. 20. p. 94.

3) Lenz. c. l. §. 5. 23. et p. 45. 106.

III.

F. J. Bodmann vom Bannwein.

§. 1.

Einleitung.

Ein besonderes Institut in den Haushaltungsrechten der Dorfsherrschaftlichen Gutsherren des mittlern Zeitalters, war die Gerechtigkeit der Bannweinschanck, des Bannweins, und anderer damit verbundener Nutzungen. — Noch zur Zeit war es mir nicht möglich, auch nur eine einzige Schrift, a) die dieses Recht umständlich abgehandelt hätte, angezeigt zu finden. — Selbst die Glossarien, Wörterbücher, Encyklopädien, und s. w. erwähnen desselben sehr sparsam,

a) S. z. B. J. P. Dorseer Abh. d. jure Vinicopii. Argent. 1741. Ab. Fritsch de jure Oenopolii. 1660. 4. rare Beyträge zur Maculatur; aber kein Wort vom Bannwein.

und man weiß vorher schon, was man sich von daher zu versprechen hat. Ich glaube demnach sowohl unsern Germanisten, — als auch den Liebhabern der teutschen Alterthumskunde durch diesen kleinen Beytrag, der einen Auszug meiner weitläuffigeren Sammlung über diesen Gegenstand enthält, keinen überflüßigen Dienst zu leisten, da er gleichsam die Alterthümer der Weinschanks-gerechtigkeit in Teutschland — die ich in der Folge systematisch zu erläutern gesonnen bin, vorläufig entwickelt, oder uns wenigstens mit einem großen Theil davon bekannt macht.

§. 2.

Begriff — Etymon.

Der Urkundenstyl gibt die Benennungen: bannum vini — bannus vini — Vinum bannitum — banwin — bannewine — u. s. w. an die Hand. P. Innocenz II. nennt es in einer Bulle für das Kloster Hugohoven, v. J. 1135. a) „bannum ad „ven-

a) in Schöpflins Alsat. diplom. T. I. n. 208. f. „saltum unum integrum, et duos dimidios, „duo molendina, *bannum dimidium ad venden„dum vinum*, mercati quartam partem.“ —

„vendendum vinum.“ So finde ich auch „Vinum „sub banno positum.“ b) Die teutsche Registraturen nennen es Bannwein, Bahnwein, c) — Ich erkläre es als: „das Recht der Dorfs- und „Gemeinde-Herrschaft, den Hintersassen und „Unterthanen zu gewissen Jahrozeiten Wein „vorzulegen und auszuschenken; mit dem Bey„satz, daß binnen solcher Zeit die gewöhnliche „Gemeinde-Schenken dergleichen ebenmäßig „zu verschencken — und wer an dem Orte zu „solcher Zeit Wein zu trinken begehrt, ihn „anders woher, als von der Bannstätte zu „nehmen, unbefugt seyn solle.“ d) — Es gehört

b) Daher die Formeln: „Vinum ponere sub bannum — inbannire vinum — vinum positum „— Vorlegt wien„ — Die Ableitung von *bannus*, (districtus) und die Erklärung „pro „vino, quod *intra districtum* vendendum etc.“ ist ungegründet.

c) z. B. im Bistum Würzburg, wo dieß Recht besonders häufig vorkommt.

d) Im Kurmainzischen heißt es der freye Weinzapf, und ward gar öfters den Kurf. Beam-

hört demnach, wie schon das Wort anzeigt, dieses Recht mit unter die, in den mittlern Zeiten Teutschlands, so häufige Bannrechte, (jura bannaria.)

§. 3.

Ursprung desselben.

Den Urkunden zu Folge mag der Ursprung dieses Instituts mit Grund in das XIte Jahrh. gesetzt werden. a) Das XIII und XIVte Jahrhund. sind seine Wachsthums- so, wie das XVIte seine Untergangs-Zeit. Es scheint, wo es üblich ist, aus zwey Hauptgründen geflossen zu seyn: a) aus einem Vorbehalt b) aus einer neuen Constitution.

a) Aus

Beamten auf den untergebenen Amtsdörfern als ein Theil der Besoldung angewiesen, so wie es noch verschiedene genießen.

a) Denn das XIIte Jahrh. ist mit Nachrichten davon ganz überschwemmt, — das Xte hingegen noch ganz leer davon. — Man zeige eine einzige Urkunde, ein einziges Saalbuch, ein

a) Aus einem Vorbehalt. Der Landesherr, — so wie der Dorfsherr, beyde in gutsherrschaftlicher Qualität, verliehen um diese Zeit allmählig den Gemeinden ihrer Unterthanen und Hintersassen das vorhin selbst geübte Schild- und Schenkrecht. Dabey war der Vorbehalt des Rechts, Bannwein in gewissen Jahrszeiten fürzulegen, immer einer der ersten. Dieß that der Landesherr, der Gutsherr, die Stadt, das Stift, das Kloster — alle in der Eigenschaft der mit der Dorfsobrigkeit verbundenen Gutsherrschaft. (iure advocatiae cum proprietate connexae.) Es geschah, theils um sich des Ueberflusses gemächlich und nützlich zu entledigen; theils um gegen sothane Vergleichnng des freyen Weinschanks, eine erträgliche Recognition, und stete Prästation einzuerndten.

b) Aus einer neuen Constitution. — Der Mönch, der in mittlern Zeiten alles brauchen konnte, und sinnreich genug war, auf tausendfältige

 Emolu-

ein einziges Verzeichniß von jurib. monast. welches im X. Jahrh. dessen erwähnte! —

Emolumenten zu raffiniren, fand Wege genug, auf seine Hintersassen dergleichen Bannrechte zu heften; der Cavalier machte es nicht besser; und in den Städten nahm sichs der Kais. Vogt heraus, der Bürgerschaft zu seinem Nutzen Wein vorzulegen, welches denn auch gar oft blieb, nachdem die S·ädte das Schild und Schenkrecht an sich gebracht, und Kraft dessen Rathskeller angelegt hatten. Die häufige Befreyungsurkunden der Städte von dieser Last konnten demnach erst diese in den Stand setzen, wegen des städtischen Schankrechts allgemeine Einrichtungen zu machen, wie dieß von Speyer ausdrücklich Lehmann b) bezeugt.

§. 4.

Wer Bannwein vorzulegen befugt gewesen?

Das Recht Bannwein vorzulegen scheint in den mittlern Zeiten aus zwey Hauptgründen geflossen zu seyn. α) Aus der mit der Gutsherrschaft verbundenen Dorfsobrigkeit, β) aus der Vogtey, (Schuz - Schirm - und Kastenvogtey.)

α) Aus

b) Speyr. Chronick L. IV. C. 22. S. 366. (Ausg. 1662. 4) S. auch Meichsner decis. cam. T. IV. dec. 35. p. 996. f.

α) Aus der mit der Gutsherrschaft verbundenen Obrigkeit. — Das Schild- und Schenkrecht zeigt sich im mittlern Alter nicht schlechtweg als ein obrigkeitliches sondern als ein mit der Obrigkeit verbundenes gutsherrl. Recht. Erstere verhält sich zur letztern hierunter wie eine *Conditio sine qua non* a) Die Dorfpolicey war wiederum kein Stück der landesherrlichen Aufmerksamkeit, sondern den Händen jedes Gutsherrn, der zugleich Oberherr war, überlassen. Fand also der Gutsherr vermöge dieser letzteren für gut, seinen Gemeinden das Recht, Schenkstätte anzulegen, zu verleihen, so konnte er sich vermöge seiner wirthschaftlichen Grundsätze zugleich auch für berechtigt halten, sich in

a) Als ein landesherrliches Recht, — getrennt von der Gutsherrschaft finde ich es nirgends; und bey dem schwachen Licht der damahligen Fürstl. Obrigkeit, die sich gar selten zur Beschränkung gutsherrl. Gerechtsame, und Beschwerung mittelbarer Hintersassen zeigte, konnte eine bloße, abstracte Fürstl. Obrigkeit, wohl nie auf den Gedanken kommen, sich dergleichen anzumassen.

in gewissen Jahrsfristen den Bannwein vorzubehalten. b) Dieß war nun der Fall

αα) Bey den Bischöffen in den Städten. — Entweder A) als gütsherrl. Nachfolger in den kaiserl. Domainen, und den damit verknüpften Emolumenten; oder B) als Nachfolger der kais. Vögte, treffen wir die Bischöffe häufig in dem Besitz dieser Rechte an; auch übten sie solche daselbst, so wie auf dem platten Lande, am längsten — aber auch gar oft am rigorösesten aus.

ββ) Bey den freyen Städten, gedieh dieß — nachdem sie das Schenkrecht gar frühe an sich lösten, bey der Vergleichung desselben an einzelne Besitzer der Schenkstätten, meistens zu einem vorbehaltenen Rechte, und sie übten es durch die noch hie und da üblichen Rathsweinkeller aus.

γγ) Bey jedem dorfsherrl. Gutsbesitzer auf dem platten Lande, — es mochte nun das Stift, das Kloster, der adeliche Hof, rc. seyn, —

b) S. Chr. Ludw. Scheidt, Abh. de cauponar. orig. et iur. et magistr. in iis condend. cura. Goett. 1739. 4.

seyn, — mußte man es gleichfalls als ein freyes Haushaltungsrecht jedes einzelnen Gutsherrn passiren lassen, seinen Hintersassen die Bedingnisse vorzuschreiben, unter welchen er an dieselbe insgemein das Recht der Schenke überlassen wollte; und da traf wiederum die Bedingniß, die Fürlegung des Bannweins zu geschlossenen Zeiten, da sich das Volk bey gewissen Feyerlichkeiten in der Nähe herum versammelte, auch Schmaus und Tänze die Consumtion der Naturalien beförderten. —

Ich finde auch nicht, daß man irgend einem Gutsherrn diese Befugniß streitig gemacht habe. Solchemnach dürfen wir für ganz unbezweifelt annehmen, daß das Recht, Bannwein fürzulegen, überhaupt in den mittlern Zeiten ein Recht desjenigen gewesen, dem das Recht, Schild und Schenkrecht zu verleihen, zustand.

§. 5.

Wird beurkundet.

Man darf demnach mit Grund behaupten, daß der Grund des Rechts, Bannwein fürzulegen

gen, weder in der Leibeoherrschaft, a) noch in der peinlichen Gerichtbarkeit beruhe. Und wenn in den Urkunden dieses Rechts so häufig mitten

a) Es bezeugt dieß unter andern das Laudum Eberwini de Garbenheim, inter Gerhard. comit. de Ditze, et Hartardum de Merenberg, A. 1278. bey Reinhard, jur. und hist. kleine Ausführ. B. I. S. 53. sgg. Dieser hatte nämlich aus dem G: und der Leibsherrschaft seine Rechte in den Dörfern Hüblingen und Neunkirchen, so in Diezischer Hoheit lagen, bereits sehr hoch getrieben, und es war drauf und dran, daß die Grafen v. Diez ganz um ihr Recht in den Dörfern gebracht werden sollten. Es wachten aber diese noch etwas zu frühe auf, und wollten ihr Hoheitsrecht behaupten, welches vornämlich nur in der peinl. Gerichtbarkeit oder dem Blutbann bestand. Da unter andern die Frage vorkam, ob einem, oder dem andern das Recht, Bannwein vorzulegen, in besagten Districten gebühre? so erkannte Erwin von Garbenheim: „item „homines dicti banni nec dñus Comes nec dñus „de

ten unter den Stücken gedacht wird, die wir, nach den Ideen unserer Landeshoheit, unter die derselben anklebende Rechte heutigstags zu zählen gewohnt sind, b) so dürfen wir uns nur erinnern, daß es in eben dieser Lehre ein noch immer herrschender groser Schnitzer des Staatsrechts sey, alle Rechte des Landesherrn — ohne Rücksicht auf

„de Werinberge scepedicti, aut ipŏrum officia-„les, in *vino bannito ibi ponendo*, vel inho-„spitando aliquatenus molestabunt. „ —

b) So heißt es z. B. in einer Urkunde oder Laudo Henrici de Solms, et Philippi de Münzenberge, int. Gerhard. de Ditze, et Henric. Wilnov. v. Jahr 1303. beym Reinhard, a. a. O. S. 109. fgg: „item monetam, telonium, *vi-„num bannitum*, et judaeos obtinebit. „ — Allein es hatte Gerhard *III.* Gr. v. Diez, mit Henrichen Gr. und Herrn v. Weilnau eine Ganerbschaft, und es kam nur auf deren Regulativ an; er erhielt es, da er regierender Graf war, nicht als Landesherr, sondern als ganerbschaftlicher Gutsherr.

auf seine Eigenschaft eines Gutsherrn, zu Regalien, (und sollten es auch nur Minora seyn,) zu qualificiren, und dadurch die Classe solcher Rechte, die es doch niemahl zu seyn verdienen, auf eine höchst unschikliche, und jedem andren Gutsherrn, der eben nicht auch just Landesherr ist, äusserst gefährliche Weise zu vermehren. — Ferner wäre dieß wahr gewesen, daß zu diesen Zeiten besagtes Recht als ein der Landesobrigkeit anklebendes Recht angesehen worden wäre, so wünschte ich zu wissen, wie es möglich gewesen, daß denn doch die meisten Stifter und Klöster, die nicht die geringste Vergleichungsurkunde darüber aufzeigen können, auf ihren hintersäßigen Dörfern und Gemeinden die Bannweinschank hergebracht haben? Die häufigen Urkunden beym Gudenus, Hahn, Pez, Tolner, Erath, u. a. m. zeigen überall das Gegentheil, und erklären es als ein bloß gutsherrschaftliches, jedoch mit der Obrigkeit verbundenes Recht. In dieser Qualität allein übten es vorhin selbst die Landesherren auf den Aemtern aus, nachdem sie die Rechte der Schenkstätte gegen den Vorbehalt des Bannweinfürlegens, und der gewöhnlichen Zise, (Accis,)

das

das Jahr über, an ihre Gemeinden übertragen hatten.

§. 6.

Auch die Schuz- Schirm- und Kastenvögte waren dazu berechtigt.

β) Die Stifter und Klöster, bey deren Hintersassen dieß Recht überhaupt am häufigsten vorkommt, verliehen es vielfältig neben andern Nutzbarkeiten ihren Schutz- Schirm- und Kastenvögten, und es machte einen Theil ihres *Advocatitii* aus. Ludwig von Ysenburg, und Hedwig, seine Gemahlin, erließen dem Kloster Marienborn alle Beschwerden, worauf die benannten Advocaten Ansprüche zu machen hatten; besonders heißt es: „item ipsum Monasterium, a censu, „sive jure, quod vulgo dicitur *Bannwein*, ex nunc „liberum reddimus, et solutum.„ a) Sifrid, Erzbisch.

a) S. Urk. v. J. 1286. beym Kopp tr. de insign. differ. int. S. R. I. com. et nob. — in Suppl. n. 2. p. 356. — Der Schluß, den daraus Kopp machen will, (obl. I. ad d. l. n. e.)

bischoff zu Mainz erkennt als Schiedsrichter, die Stiftskirche zu St. Stephan daselbst, von allen Anforderungen des Gr. von Eppsteiu, ihres Schirmvogts frey; da heißt es: b) „Ecclesia b. „Stephani, in praefata curia, cum omnibus suis per„tinenciis non censualibus, preterea in duobus man„sis et dimidio, de quibus lis erat, omnimoda in per„petuum libertate gaudebit, ita vt et a denariis ad„vocaticiis, et manipulis tam siliginis, quam avene, „qui per villam advocato de bonis hereditariis da„ri solent, *a vino bannito*, a recepcionibus, et procu-

e.) p. 360. c. l. da er das Recht, Bannwein fürzulegen, unter die „Monumenta insignium „jurium territorialium, quae comites atque dy„nastae jam circa isthaec tempora exercuerunt „in suis terris,„ rechnet, ist nach dem Vorgehenden ein elender Tand.

b) S. die Urkunde v. J. 1226. beym *Ioannis*, Script. rer. mogunt. T. II. p. 530. S. auch Kreß Vindic. justit. judic. recuperat. ducal. guelph. C. III. §. 4. p. 78. *sqq.* und *Ioannis* Spicil. Chart. et monum. p. 359. 360. wo ähnliche Urkunden vorkommen.

„procuracionibus tam equorum quam hominum, a „composicionibus, quae vulgo *wette* dicuntur, ab „exactione qualibet, et ab omni servicio, preter „ligna Scabinorum penitus sit immunis.„ — Der Bischoff Friederich v. Speyer bekennet, c) „de ci„vibus Spirensibus universis, et bonis ipsorum civium „Spirens. vel alterutrius eorumdem, presencium et „futurorum, in toto districtu nostro, nullas exa„ctiones, stûras, herbergas, *banwin*, herstûre, col„lectas, f. aliquas precarias alias, seu alia genera „serviciorum qualiacumque recipiemus, aut extor„quebimus quovis modo.„ Die damit verwandte Schutzprästanda, wohin der Vogthaber, Bannkorn, Bannhaber, u. s. w. gehören, und die Mager d) Matthäi e) Choquier, f) Heider g)

c) Urkund. v. J. 1294. bey Lehmann Speyr. Chron. B. V. K. 121. S. 656. auch Hert Abh. de Superior. territ. §. 54. not.) in d. Opusc. V. I. T. II. p. 311.)

d) tr. de Advocat. Armata.

e) Tr. de Nobilitat. C. XXXI. p. 517. f.

f) Tr. de Advocat. Q. 59.

g) u. a. m. umständlich abgehandelt, geben diesem Institut viel Licht, und zeigen sein Alter ebenmäßig.

§. 7.

Wer Bannwein zu trinken verbunden gewesen?

Binnen der Bannfrist stand es nun so wenig einem Tavernern, (Schenkwirth) frey den Zapfen zu ziehen, als es den übrigen Hintersassen erlaubt war, durch Unterschleif fremd hereingebrachter Weine, den Bannherrn in seiner Bannschank zu beeinträchtigen. — Es reducirte sich jedoch die ganze Banngerechtigkeit mehr auf eine Last der Gemeindeschenke, die da vermüßigt war, statt ihres eigenen, den ihr von der Gutsherrschaft fürgelegten Wein auszuschenken, und das erhöbene Schankgeld derselben zu verrechnen, — als auf eine Last der einzelnen Gemeindeglieder selbst, so daß diese nach der Zahl der Köpfe, für ihre Person schlechtweg, unter

g) Bericht v. Reichsvogtey. — ej. Acta Lindav. p. t.

unter sich ein bestimmtes Weinquantum zu vertheilen gehabt hätten; sie hätten übrigens Wein trinken mögen, oder nicht. a) — Und eben so wenig kann ich glauben, daß sich irgendwo dieß Bannrecht soweit erstreckt haben sollte, daß es jedem Privateigenthümer, der übrigens keine offene Schenke gehalten, unerlaubt gewesen wäre, von seinem Eigengewächse zu trinken. Aber

a) Eine Ausnahme, und wahre Mönchsbarbarey ist es demnach, was ich in einem Vergleich zwischen dem Abt Marquard, und Stadt Münster im Gregorienthal, im Elsaß, beym Schöpflin. Alsat. diplom. T. II. p. 163. n. 980. lese: „Swel stathaft man „durch sinen Uebermut des Bannes trin„ken nit wil, dem sol man heimsenden als „denne müglich ist. Wolt er in denne nit „nemen, so sol der Weibel (apparitor) den „Wein umschütten in seinen Wassereimer, „und mus in doch gelten.“ — Wer erinnert sich nicht hiebey einer ähnlichen Königl. Preußischen Verordnung wegen des Salzverkaufes im Magdeburgischen?

alles, was zum Nachtheil der Gemeindsschenke das Jahr über hätte gereichen können — und worüber allenfals diese gegründete Beschwerde zu erheben berechtigt gewesen wäre, das gereichte auch in solcher Frist zum Präjudiz des Bannherrns, und er konnte die Bannbrüchige deshalb zur gesetzten Strafe ziehen.

§. 8.

Wie der Bannweinschank ausgeübt worden?

Der Bann selbst ward auf folgende Weise ausgeübt: Die gutsherrlichen Weine wurden entweder von der Herrschaft selbst, oder von besondern Schätzern taxirt. Die Fässer der Schenkwirthe wurden gesperrt, diesen der gutsherrliche Wein zum Verschenken eingelegt, und das eingekommene nach dem Schenkmaase verrechnet. Eine umständliche Beschreibung liefert uns der oben angezeigte Vergleich, wenn es daselbst heißt: „Unser Herre „der Abbas sol och han ban dri stunt in dem Jahr „ze Wienachten viertzehn nacht, ze Ostern XIV. „nacht und ze Pfingesten viertzehen Nacht. und so „der Ban anvähet so sol der Abbas oder sin „Schulth. des rades nemen als menigen so er „haben

„haben mag, und sollent die die Wine schetzen, als „es an den Bân kommen ist und sollent och die „Wine gewachsen sin an des Gotzhuses frônde. „Wenne och der Ban anfâhet an dem abende, so „sol der Schulth. mit dem Weibel den tavernern „(Cauponibus) ire Vasse bringelen, und wer den „ban brichet, als dicke so er den Zappfen zihet, so „sol er bessern sechtzig schilling und ein Helbeling „dem Abbete. Ein gesessenen Man sol man getru„wen, der eigen und erbe hat, viertzehen nacht nach „den Banne. — Unser Herre der Abbas sol geben „och ze jeglichem Banne ein Malter viertel Korns. „Wenne och des Schulth. Botten den Ban sol in„gewinnen, so sol er fordern phant oder phennin„ge, wer im des widerstat, dem sol er gebieten für „den Vogt. Kommt der schuldener des Bannes vor „Gerichte überein, so ist er dem Vogt nichtes haft. „Daß der Schulth. unsers Herren Ban ingewinne, „darum so git man im und sine Knechten vier wisse „Brot, und ein viertel Wins des ärgesten noch des „besten. „ —

§. 9.

Wenn der Bannwein das Jahr über exercirt worden sey?

Der Anfang, die Dauer, und die Zeitpuncte dieses Rechts wurden seinem Gebrauch nach durch die Gemeindsrezessen, Dingnoteln, Saalbücher, u. s. w. vestgesetzt. Gewöhnlich war es nur eine Frist, die aber manchmahl einen grossen Theil des ganzen Jahrs einnahm. Gar oft aber war es auf mehrere Zeiten des Jahrs vertheilt, die, dem Ausdruck der mittlern Zeiten gemäß, Stunden hiessen. — Solchemnach war es öfters der Fall, daß es zu Dreymahlen im Jahr zu Ostern, Pfingsten und Weihnachten, jedesmahl eine gewisse Zeit hindurch, 14. Tage, 3. 4. und mehrere Wochen u. d. gl. ausgeübt ward, wo denn die Schenke versperrt, und der gutsherrliche Wein ausgezäpft wurde. a) Und da es bey dieser ganzen Anstalt lediglich um die Vermehrung der Kammereinkünfte, durch einen starken, baaren Absatz des Ueberflusses im Keller zu thun war, b) so verlegte man den Bannwein eben auf die schicklichste Jahrszeit, da ersterer am sichersten

a) Daher heißt es an vielen Orten Dreyrecht, wovon das Dreyding unterschieden ist. Der Abt zu Gengenbach erhielt von K. Rudolf I. das Recht auf Martini, Fastnacht und um Crucis Bannwein zu schenken. Lünig Spic. Eccl. P. III. cp. 6. p. 296.

b) S. Ludewig Gel. Anzeig. Th. I. S. 437.

sten, und ergiebigsten zu hoffen war. Das mochte nun in den Städten die Markt- und Kramwoche — auf dem Land hingegen die Kirchweih, (Kirmes) seyn. Wirklich finde ich in den alten Registern und Saalbüchern durchgehends diese Stunde ganz fleißig bemerkt, und ältere Rechnungen zeigen, daß vielfältig dieß eine der erheblichste gutsherrlichen Revenüen gewesen seyn müsse.

§. 10.
Der Bannwein ist vom Weinbann unterschieden.

Von dem Bannwein müssen wir den Weinbann genau unterscheiden. a) Er kommt in den Urkunden unter dem Ausdruck Bannus vini vor. Im Grund ist er nichts, als ein wirklicher Accis von verkauften Weinen. — Also eine Gabelle, und zwar eben diejenige ehemahls sehr beschwerliche Quelle des heutigen Umgeldes, Ungeldes, (indebiti, Ohmgeld), b) welches in den meisten Städten

a) Schöpflin, Alsat. illustr. T. II. p. 307. n. (r.) vermischt daher offenbar den Weinbann und Bannwein.

b) S. davon Wehner, Observ. pract. b. v. Meichsner Decis. camer. T. IV. dec. 35. Gas-

ten bey seiner Entstehung fast durchgehends Lermen veranlasset, und in der Folge erst durch Bürgerrecesse, Rachtungen, u. s. w. bestimmt worden ist. K. Henrich V. nennt es eine Tyranney, und mildert es daher der Stadt Strasburg im J. 1119. wenn er sagt: „Dampnum vero, et ius consuetudi-„narium, non autem legitimum, et iugum, argenti-„nensibus civibus inique, et quasi quadam tyranni-„de aliquando impositum, sed a b. mem. *Ottone* pre-„dictorum civium epo aliquantulum levigatum, sub „quo vini venditio a die sce pasche, usque in nativi-„tatem sce Marie, per totam civitatem fiscum epi-„sco-

sar Annal. August. beym Menken Script. rer. Germ. col. 1509. S. auch Haltaus, Gloss. germ. von Ungeld. — Ich billige die Muthmassung des Hrn Consul. von Tröltsch Anmerk. und Abhandl. Th. I. S. 221. daß diese Benennung: Ungeld daher entstanden, weil diese Abgabe dem gemeinen Mann allzeit sehr beschwerlich, und als nicht rechtmäßig vorgekommen; woher sie denn auch den Nahmen *Indebitum*, bekommen. — Ursprünglich heist sie aber Umgeld, d. i. Ohmgeld, wie die obige Urkunde klärlich ausweißt. —

„scopalem respexerat, ita ut ab unaquaque venalis „vini carrada due situle, quod nos teutonice *Ama* „vocamus, fisco episcopali persolverent, et divine „remuneracionis respectu, et predictorum civium „peticione absolvimus, absolvendo deinceps condo„navimus, condonando regali nostra auctoritate fir„mavimus, exceptis sex ebdomatibus, quas episcopa„li fisco sub priori institucione reliquimus. c) Noch eine andre Urkunde erläutert diesen Umstand, die mir die Aufklärung gibt, daß Weinbann ursprünglich das Verbot begriffen, überhaupt keinen Wein ohne herrschaftliches Vorwissen und Bewilligung zu verkaufen; wovon man aber nachher nur unter dem Vorbehalt, und Auflage des Ohmgeldes, Accises, abgegangen ist; denn so heißt es daselbst: a festo sci „Martini incipit *bannus vini*, usque dum novum mu„stum

c) Bey Schöpflin, Alsat. diplom. T. I. n. 145. p. 193. Diesen Weinbann verkaufte nachher Bischoff Henrich von Strasburg im J. 1252 oder vielmehr die vormahls damit beliehenen Herren von Lichtenberg, als Schutz- und Schirmvögte, für 400. Mark Silber an die Stadt Strasburg; wovon der Kaufbrief beym Schöpflin. Alſ. dipl. T. I. n. 547. S. 407. fg. steht.

„stum bibitur, taliter, quisquis mediam carradam „vini vendiderit, sex denarios inde persolvere de„bet, sive intra marcham, sive extra creverit; aut „dilationem petat. Incipiente autem Augusto, mini„steriales Abbatis precipere debent, ne aliquis in to„ta Marcha vinum venale habeat non suo permis„su.„ d) — Der Herr Prof. Einert, dessen Abh. *de Accisis* bekannt ist, hätte füglicher Gelegenheit gehabt, diese Ursprünge genau zu entwickeln.

§. 11.

In neuern Zeiten sieht man dieß Recht als ein mit dem Kirchweihschutzrecht verbundenes Recht an.

Nunmehr pflegt man in Teutschland fast durchgängig das Recht, Bannwein fürzulegen und auszuschenken, als ein mit dem Recht des Kirchweihschutzes, (protectio encaeniorum,) verbundenes, obrigkeitliches Recht zu betrachten, und es unter die Emolumente des Oberherrn, in Ansehung dieser Gerechtsame zu rechnen. Wehner sagt wenigstens: „nam et vinum, cerevisiaque suspensa he„dera

d) Beym Schöpflin, Alsat. diplom. T. I. n. 275. p. 225. f.

„dera evacuatur, exindeque gabella vinaria, vel ce-
„revisiaria persolvitur: wird der Bannschirm
„und Schenckwein ausgezapft, und verungel-
„det. a) Eben dieser Meinung sind nach ihm
Link, b) Myler, c) Besold, d) Speidel, e)
Schilter, f) Hofmann, g) von Cramer, h) u. a.
m. gefolgt.

J 5 §. 12.

a) Observ. pract. v. Kirchweyh et v. Bannwein. p. 41.

b) diss. de Encaen. cor. iur. c. 2. — ei. diss. de Centena. C. III. §. 22. — ei. diss. de iurisdict. Vogtei. C. III. §. 15. C. IV. §. 8. n. 5. — §. 10. (in Leuchts tract. de iurisdict.)

c) Metrolog. C. XVIII. §. 4. C. XIX.

d) Notabil. h. v. et in contin. eod. l.

e) thes. pract. v. Kirchweyh. p. 469. et in cont. Ditherr. h. v.

f) Glossar. teuton. v. *Banwin.*

g) diss. de Centena sublimi Suevo - Halens. §. 18.

h) Opusc. T. II. p. 196. s. S. auch *Ben. Finsterwalder* pract. Observat. L. II. obs. 68. p. t. p. 428 sqq.

§. 12.

Und zweifelt daher ebenmäßig, ob es der Cent oder der Vogtey angehöre?

Wem aber bey getheilter Gerichtbarkeit in die hohe (Cent,) und niedere (Vogtey) der Kirchweyhschutz, solchemnach auch das damit verbundene Recht, Bannwein fürzulegen, bey einer unbestimmten Gerechtsame beyder Gerichtsherren zuzumessen sey, gehört mit unter die bestrittenen Gerichtbarkeits-Fragen. Dann so fehlt es nicht an Männern, die namentlich dieses Recht, als das Emolument eines regalistischen Stückes dem hohen Centherrn ausschlüssig beygelegt wissen wollen; wie denn solcher Meinung besonders Lindenspür, a) Hallwachs, b) P. Leopold, c) Knichen, d) Besold, e) Hofmann, f) Klock, g) Coth.

a) Diss. de success. et mutat. imperior. et famil. c. 33. beym Leucht tr. acad. de iurisdict. p. 182.

b) diss. de Centena illimitat. s. territor. p. 36.

c) Beym Arumaeo Disc. iur. publ. — disc. 24. q. 4.

d) de sublim. territ. iur. C. IV. n. 477. s.

e) thesaur. pr. v. Kirchweyhschutz et in Contin. p. 330.

f) a. a. O. §. 18.

g) tr. de Contribut. th. 3.

Lothmann, h) u. a. m. beygetreten sind. Dahingegen mangelt es auch nicht an der gegenseitigen Behauptung derjenigen, die dieses Bannrecht samt den übrigen Emolumenten, gleich dem Kirchweihschutz selbst, dem Vogteyherrn heimgewiesen; für welche Meinung sich denn bereits Link, i) Mager, k) C. Manz, l) und der anonym. Auct. des Sendschreibens an einen Beamten des Fränk. Kreises, in welchen die *Materia Simplicis Iurisdictionis compendiose* tractirt wird, m) u. a. m. erklärt haben.

§. 13.

Es kommt aber alles auf die Landesobservanz an.

Mich dünkt, daß man bey dieser Frage, wie bey so vielen andern, bey unserer höckerichten Lehre der

h) Consil. et resp. Cons. 42. n. 34.

i) de iurisd. Centen. C. II. §. ult. ei. diss. de Encaen. eor. iur. c. l.

k) Tr. de Advocat. armat. C. XV. n. 107. 108. s.

l) Centur. Decision. palat. Dec. X. q. 91. p. 861. sqq. (in ei. biblioth. aur. T. I.)

m) Beym Bidembach Quaest. nobil. im Anhang.

der teutschen Gerichtbarkeit, unmöglich eine abgerundete Entscheidung geben könne, sondern hiebey alles auf die hierunter hauptsächlich eintretende Rechts-Cynosur, — die besondere Landesobservanz ankomme. Denn so finde ich in einem und demselben Lande den Kirchweihschutz, mit seinen anklebenden nutzbarlichen Rechten, a) bald als ein der hohen Cent, bald aber als ein der niedern Vogtey angehöriges Recht bestimmt; welches demnach auf Centrecessen, Vogteyverträgen, u. s. w. lediglich gegründet seyn kann. b) Mit Recht schliesset daher

a) Unter solche rechnet z. B. die Fränk. Landesobservanz: „das Fridegebot auszurufen; „Kirchweyhsfrevel zu bestrafen; Bahnwein „fürzulegen und auszuschenken; Mayen „auf offenem Plan aufzurichten; Tanz aufzu-„führen, und abzuschaffen; Kleinodien aufzu-„stecken; Schollerplätze anzustellen; u. s. w.„ —

b) So erkannte z. B. das Reichskammergericht gar vielfältig, es klebe dieß Recht in dem Bißthum Würzburg der Cent an; und wirklich wird es bey der Cent Sesslach, Eltmann, Hoheneich, Medlitz, u. s. w. als ein der hohen Cent gebührendes Recht tractirt.

daher Mayer, c) „hac in re generalis regula vix „statuenda, sed consuetudo potissimum inspicienda „erit,„ welchem der obangezogene Aut. des Sendschreibens ꝛc. vollkommen beyfällt; jedoch mit dem Zusatz, daß, falls die Landesobservanz für die eine oder andre Seite nicht ganz unstreitig, oder entscheidend, oder solche wohl gar nicht vorhanden wäre, sodann die Vermuthung für den Vogteyherrn ausfallen müsse.

§. 14.

Heutige Art, die Bannweinschank auszuüben.

Aus kameralistischen Grundsätzen, wornach man seit 200. Jahren die meisten Naturalabgaben und Unpflichten des Bauern auf eine fixirte durchgehends sehr leidentliche Geldprästation zurückgeführet hat, kam auch die Reihe an die Naturalfürlegung des Bännweins. Man erließ sie den Dörfern und Gemeinden, die die Schenkstätte vorlängst als Almeinden an sich gebracht hatten, jedoch mit dem Vorbehalt, dagegen jährlich eine gewisse

c) I. B. Mayer, (ſ. resp. I. I. A. Schaeffner) diss. de Iurisdictione. (Herbip. 1704. 4.) S. II. th. 4. p. 104. ſ.

gewisse Summe an das herrschaftl. Kameral-Amt, unter dem Namen: **Bannweingeld**, **Schuz-Schirm- und Schenkweingeld**, neben der gewöhnlichen jährlichen Accise zu entrichten; wogegen nunmehr Schultheiß und Gemeinde des Orts zur herkömmlichen Frist den Wein selbst fürlegen und verumgelden. In den herrschaftl. Rechnungs-Rubriken wird dieß Surrogat bald unter dem Namen: **Trucken Bodengeld**, a) bald unter dem **Erndwein**, b) bald unter dem **Bann- und Schenkweingeld**, c) verführt, und es läuft an manchen Orten auf ein gar beträchtliches hinaus.

§. 15.

a) Schaeffner a. a. O. „Saepius tamen der Bahn-„wein in natura per conventionem villis et pa-„gis remittitur pro solvenda certa pecunia, „quae **Bahnweingeld**, sive **Truckenboden-„geld** dicitur, idque in praxi notorium est.„ — Dieser Ausdruck ist sonderlich im Stift **Würzburg** gewöhnlich. S. auch **Wehner**, Observ. pract. v. **Bannwein**. p. 41.

b) Dieser Ausdruck ist hin und wieder im Erzstift **Maynz** gewöhnlich.

c) Der gewöhnliche Ausdruck in den Sächsischen Stiftsurkunden.

§. 15.

Stehet einer Dorfsherrschafft frey, statt des lange erhobenen Bannweingeldes, die Naturalfürlegung des Bannweins wieder einzuführen?

Die Gemeinde zu W . . . hatte seit dem J. 1573. von dem Fürsten zu H . . . . . Urkunden in Handen, wornach derselben gegen die jährl. Prästation von 5 fl. 8 alb. die Bannweinschank erlassen, auch Schultheiß und Gemeinde forthin selbst befugt seyn sollte, dergleichen Wein von Martinstage bis Advent vorzulegen. Besagte Gemeinde bestand im angezeigten Jahre etwa aus 50 Köpfen, die im J. 1783 bis auf 130 angewachsen war. Der Fürst von H . . . suchte in diesem Jahre die bisherige Summe zu erhöhen, und da er von der Gemeinde Widerstand fand, versuchte er, die Bannweinschank wieder in Natura zu exerciren, wogegen aber Schultheiß und Gemeinde sich beschwert fanden und gegen dergleichen Neuerung Klage erhuben. — Mir lief die Sache zum Gutachten ein. Ich fand nicht, daß der angezogene Vertrag vom J. 1573 oder die im J. 1659 denselben beschehene Erneuerung ihrer Dorfsgerechtsame, eine völlige Ablösung dergestalt involvirte, daß nach der Absicht beyder Theile, der Ortsherrschaft gänzlich benommen seyn sollte, auf die quäst. Naturalfürlegung des Bannweins jemahls zurückzukehren; so ergab sich auch, daß die Gemeinde besagte Urkunden auf eigenes Einkommen, und Bitten für sich erwirkt hatte; alles dieß legte den Ursprung ihres erhaltenen Rechtes klärlich vor Augen, d. i. es zeigte einen wiederruflichen Contract an, solchemnach konnte eine solche Begünstigung des Fürsten, eine wiederrufliche Gnadenverleihung niemahl von der Eigenschaft seyn, daß sie eine Verjährung begründete; und an einen unfürdenklichen Besitz war bey so bewandten Umständen gar nicht zu gedenken. Ein Ablauf von 30 Jahren würde genug gewesen seyn, die Gemeinde zu schützen, falls sie sich irgends durch eine vormahls geschehene Anforderung, und darauf erfolgten Widerspruch in den Besitz eines unwiederruflichen Rechtes gesetzt hatte. So aber war dieß unerfindlich. Ich schloß demnach, daß es dem Hrn Fürsten von H. forthin unbenommen sey, zur Naturalfürlegung des quaest. Weins, so wie er dieselbe im J. 1573 erweislich gepflogen, zurück zu treten. a)

§. 16.

a) S. die Analogie dieses Rechtsfalls bey

Wernher,

§. 16.

Steht es auch derselben frey, eigenmächtig den Gemeinden Bannwein vorzulegen, wo sie bisher nicht im Besitz gewesen?

Eben diese Fürstl. Hofkammer sah aber dieses Recht als ein landesherrliches Recht an, und versuchte am Kirmessenfest den beyden Gemeinden H—n und N—f. 4 Stück Wein auf seine Rechnung vorzulegen, durch welche neue Anforderung sich diese ebenmäßig beschwert fanden; denn nirgends war ersichtlich, daß die Gemeindsschenken jemahls dergleichen ausgeschenkt, folglich die Rentkammer im Besitz gewesen wäre. Ich blieb bey der bloßen Eigenschaft dieses Rechts, seinem Ursprung, und Verhältniß stehen, und erkannte, daß das Recht, Bannwein eigenmächtig vorzulegen, so wenig als ein landesherrliches a) als nach übertragenem Schenkrecht an die Gemeinden, als ein gutsherrl. Recht forthin betrachtet werden möge; anerwogen teutsche Servituten und Bannrechte willkührlich anzulegen,

a) S. Hert, Abh. de Superior. territ. §. 54.

so wenig innerhalb den Gränzen der landesherrl. Gewalt, zum wahren und alleinigen Wohl der Unterthanen und jeder Gemeinde liege, als es vielmehr, wie hier ersichtlich, auf einen bloßen Privatvortheil der F. Rentkammer, und Verbesserung der Finanzen hinauslaufe: dergleichen Verbesserungen aber mittelst eigenmächtiger, willkührlicher Bedrückung der Gemeinden, und Beschwerung derselben durch Bannrechte, Dienstbarkeiten, und Monopolien, (sollten sie auch nur auf einige Zeit im Jahr dauren,) schlechthin unjustificirlich, so fort zu gegründeten Beschwerden unvermeidlichen Anlaß geben dürften; wornach also hierunter etwas aus landesfürstlicher Macht und Obrigkeit zu tentiren, um so minder räthlich seyn möchte, als andererseits zur Behauptung dieser Anforderung nicht der geringste Rechtstitel mit einigem Schein aufgebracht werden konnte.

IV. Jud.

IV.

Jud. Thadd. Zaurer von dem Erbrecht des Fiscus in Salzburg auf das Vermögen der Bastarden.

Daß in den gerichtlichen Registraturen, besonders in den hiesigen Gegenden, wo man die Acten und Urkunden noch überhaupt mit der größten Sorgfalt zu verheimlichen suchet, ein herrlicher, noch völlig unbenützter Schatz von Verordnungen und Urkunden, welche sowohl zur Aufklärung des teutschen Rechts, als zur Erweiterung der Geschichtskunde vieles beytragen könnten, verborgen liege, ist eine Behauptung, von deren Richtigkeit ich immer desto vester überzeugt werde, je mehr ich von Zeit zu Zeit Gelegenheit bekomme, hier und da einen verstohlnen Seitenblick in die Registraturen werfen zu können. Ich lege hier davon den Rechtsgelehrten eine kleine Probe vor. Sie betrifft das Erbrecht des Fiscus in Salzburg über das Vermögen der Bastarden. Dieses landesherrliche Recht, welches in der Kunstsprache der Germanisten Jus Bastardisae seu Bastardagii heißt, *) ist bekanntlich in mehreren Reichsländern, besonders in der Pfalz üblich, wenn es anders in den neueren Zeiten daselbst nicht etwa schon abgeschaffet worden ist. Allein daß eben diese Befugniß, welche eine Art des Wildfangsrechtes zu seyn scheint, auch der Erzbischoff zu Salzburg nicht nur in den älteren Zeiten, wo noch die Leibeigenschaft in Schwang ging, ausgeübet hat, sondern dieselbe in einer gewissen Gegend des Erzstifts auch noch jetzt wirklich besitzet, wird vermuthlich nicht bloß den Ausländern, sondern auch selbst meinen Landesleuten, den Salzburgern, noch wenig bekannt seyn. Ich wenigstens muß gestehen, daß ich dieß erst vor kurzem, als mir aus einer Pfleggerichtlichen Registratur einige Landesverordnungen zu meinem Gebrauche mitgetheilet wurden, in Erfahrung gebracht habe. Ich fand darunter zwey Befehle, wovon der eine von dem Hofrath, und der andere von

*) Vid. *de Selchow* element. juris Germ. privat. §. 209. pag. 101. nach der neuesten Ausgabe.

von der Hofkammer in Salzburg an das hochfürstl. Salzburgische Pfleggericht Hopfgarten oder Itter erlassen worden war. Diese beyden Befehle haben bloß das Erbrecht des Fiscus über das hinterlassene Vermögen der Bastarden, oder unehlich gebornen Personen zum Gegenstande. Im Hofrathsbefehl, der am 28 Jänner 1747 ausgefertigt wurde, wird genau und umständlich bestimmet, ob und in welchen Fällen es dergleichen unglücklichen Menschen erlaubt sey, über ihre Verlassenschaft eine letztwillige Verordnung zu errichten. Der wesentliche Inhalt desselben besteht in folgenden Puncten: 1) „Wenn in auf- und absteigender Linie keine Erben vorhanden sind, können „die aus einer unehelichen Geburt entsprossenen „Personen ohne weiters Suppliciren nur über den „dritten Theil ihres Vermögens eine letztwillige „Disposition machen. Wenn aber 2) dergleichen „Erben da sind, soll ihnen zum Vortheile derselben „(nicht aber anderer Erben, als Geschwister und „übriger Verwandten, noch weniger unversippter „Personen) auch in ungleichen Erbsportionen, je„doch mit Vorbehalt der Nothgebühr, ihre letztwillige Vermächtnisse einzurichten unverwehrt

„seyn und nach Belieben freystehen. Hingegen „soll es 3) bey den Successionibus ab intestato, im „Abgang einiger in ab- oder aufsteigender Linie „vorhandener Erben, bey der alten Observanz „sein unabänderliches Verbleiben haben.„

So weit geht dieser Befehl. Was nun die alte Observanz betrifft, worauf er sich beruft, fällt vermög derselben das Vermögen der Bastarden, wenn sie ohne Notherben, oder ohne ein auf vorgeschriebene Art errichtetes Testament mit Tode abgehen, dem landesfürstlichen Fiscus zu; und daß der Fiscus dieses Recht auch in den neueren Zeiten noch wirklich ausgeübet hat, beweiset eben der oben angezogene Hofkammerbefehl, welcher unterm 19 December 1741. an das Pfleggericht Hopfgarten erging, und worin nicht nur die, einer gewissen im unehlichen Stand erzeugten Weibsperson, Namens Katharina Wallnerin, bey ihren Lebzeiten von einem päbstlichen Hofpfalzgrafen ertheilte Legitimation für unkräftig erkläret, *) sondern auch dem dortigen Beamten aufge-

*) Man sieht hieraus zugleich, daß man in Salzburg schon in jenen Zeiten, wo man sich doch sonst

aufgetragen wurde, daß er ihre Verlassenschaft alsogleich von Obrigkeits wegen versilbern und sodann das daraus erlöste Geld nach Salzburg an das hochfürstliche General-Einnehmeramt übermachen sollte.

Vermuthlich sind hievon noch jüngere Beyspiele vorhanden; denn daß dem Fiscus dieses Recht auch noch gegenwärtig zusteht, erhellet daraus, weil, wie man mich versicherte, erst ungefähr vor ein paar Jahren eine Bittschrift von einer unehlich gebornen Person aus dem Pfleggericht Hopfgarten bey dem Erzbischof um die Erlaubniß zu testiren eingereicht, und ihr diese Freyheit auch gegen Erlegung einer gewissen Taxe bewilliget worden ist. So viel soll übrigens gewiß seyn, daß dermahl dieses Fiscal-Recht nur in dem einzigen Pfleggericht Hopfgarten oder Itter *) üblich

sonst gegen die Römische Curie nach besonders gefällig erzeigte, den päbstlichen Legitimationen in Hinsicht auf bürgerliche Wirkungen alle Kraft abgesprochen hatte.

*) Die Verfassung dieses Gerichtes, welches fast ringsherum von Tyrol eingeschlossen ist, hat auch

üblich, und davon in den übrigen Gerichten, wenigstens zu unserer Zeit, nicht die geringste Spur anzutreffen ist.

V.

Bemerkungen über Mösers Adelsprobe in Teutschland.

§. 1.

Es hat der Herr Geheime Justiz-Rath Möser zu Oßnabrück einen Aufsatz die Adelsprobe in Teutschland betreffend, in die Schlözerischen Staats-Anzeigen in das 30te Hefft einrücken lassen, und darin einen Entwurf gemacht, wie und auf was Art und Weise sich die Domcapitel, adeliche Ritterorden, adeliche Stifter, und Ritterschaften über die Gleichförmigkeit sowohl der Adels- als Ahnenprobe

auch sonst manche Eigenheiten, die in anderen Gerichten nicht angetroffen werden. Uebrigens findet sich eine kurze Geschichte desselben in (des Herrn Geheimenraths und Hofraths-Directors Franz Thadd. von Kleinmayrn) Nachrichten vom Zustande der Gegenden und Stadt Juvavia, §. 274. und §. 306. S. 431.

ze vereinigen, und diese Vereinigung dem allerhöchsten Reichsoberhaupt zur Prüfung und Bestättigung vorlegen könnten, damit die höchsten Reichsgerichte darauf zu sprechen angewiesen würden. Dieser Entwurf soll auch nach der Schlözerischen Bemerkung bereits vor einigen Jahren circuliret, durch das von dem Herrn Hofrath Schlözer angeführte Reichshofräthliche Erkenntniß aber einige Veränderung erlitten haben, und das erstere in der Absicht geschehen seyn, damit jede Ritterschaft ihre Zusätze dabey machen könne. So wenig ich nun weiß, bey was für Domcapiteln und Ritterschaften gedachter Entwurf circulirt haben mag, und ob derselbe mit Beyfall aufgenommen worden; so wenig ist gleichwohl zu zweifeln, daß solches bey den Westfälischen Domcapiteln und Ritterschaften geschehen seyn werde, da selbige dabey vorzüglich interessirt zu seyn scheinen, und ihnen an der Ausführung dieses Vorschlags am meisten gelegen seyn dürfte.

§. 2.

Die Beweggründe, die den Herrn Verfasser zu der Fertigung jenes Entwurfs bestimmet zu haben scheinen, dürften meinem Ermessen nach eben nicht so geheim und versteckt seyn, daß man sie nicht sollte ausspähen können. Es ist nämlich allgemein bekannt, daß der Herr Verfasser als Syndikus bey der Ritterschaft des Hochstifts Oßnabrück angestellet ist, und daß derselbe entweder aus besonderm Diensteifer, oder auf Veranlassung der gedachten Ritterschaft sich entschlossen haben mag, einen Versuch zu machen, dem Niederländischen oder Westfälischen landsässigen Adel einen Weg zu den Oberländischen und Rheinischen hohen Erz- und Domstiftern zu bahnen, somit durch jenen Entwurf diejenigen Schwierigkeiten zu heben, die jenem Adel dießfalls bisher im Weg gestanden. Bereits seit den letztern beyden Jahrhunderten hat der Niederländisch- Westfälische Adel öftere Versuche gemacht, zu Präbenden und Canonicaten in den Oberländischen und Rheinischen Erz- und Hochstiftern zu gelangen. Es hat auch derselbe diese Versuche noch in der ersten Hälfte des gegenwärtigen Jahrhunderts wiederhohlet: allein selbige sind jederzeit fruchtlos abgelaufen. Da aber gleichwohl den Westfälischen Ritterschaften ungemein viel daran gelegen seyn mag, bey den Oberländischen Domcapiteln, Ritterorden, und andern adelichen Stiftern aufgenommen zu werden, und zur Erreichung dieser Absicht kein schicklicheres Mittel seyn dürfte, als eine Gleich-

förmig-

förmigkeit der Adels- und Ahnenprobe in den Erz- und Hochstiftern Teutschlands einzuführen, und hiedurch die Oberländische und Rheinische Erz- und Hochstifter mit den Westfälischen zu parificiren, sofort mit dem Niederländischen Adel den Zugang zu jenen Erz- und Hochstiftern zu eröffnen, so ist sehr wahrscheinlich, daß dieser Beweggrund diesem Aufsatz sein Daseyn gegeben, und dieser sodann bey seinen Behörden circuliret hat.

§. 5.

So gut nun dieser Vorschlag gemeint seyn mag: mit so vielen ja fast unüberwindlichen Schwierigkeiten scheint derselbe umwunden zu seyn. Ja, es ist nicht ohne Ursache zu vermuthen, daß selbiger wohl niemahls zur wirklichen Ausführung gelangen, sondern auf immer in den Gränzen eines frommen Wunsches und Projects stehen bleiben dürfte. Denn, wenn man bedenkt, wie viele Domcapitel, Ritterorden, adeliche Stifter und Ritterschaften in diese Vereinigung treten, und sich mit einander über die beyden Fragen:

1) Was ein Alter von Adel beweisen müsse, wenn er aufgenommen werden wolle? und

2) Wie dieser Beweis zu führen sey?

verstehen sollen: wenn man in Erwägung ziehet, daß in eines jeden Domcapitels, geistlichen Ritterorden adelichen Stifts, und jeder Ritterschaft Statuten und Privilegien, oder uralten Herkommen beyde Fragen meistens entschieden sind: wenn man ferner überleget, daß diese Corpora der einzugehenden Vereinigung wohl gar ein Opfer mit ihren Statuten, Privilegien, Freyheiten und althergebrachten Gewohnheiten bringen und der Gleichförmigkeit der Adels- und Ahnenprobe zu Liebe, davon zum Theil oder ganz abgehen müssen: wenn man endlich bedenket, wie viel Zeit, Mühe und Kosten die Ausführung des Möserischen Vorschlags erfordern dürfte, zumal derselbe schwerlich bloß durch schriftliche und nicht persönliche Verhandlungen zu bewerkstelligen stehet; so wird ein jeder, der die Sache von mehreren Seiten betrachtet, und ihre Wichtigkeit erwäget, leicht begreifen und sich überzeugen, daß die wirkliche Ausführung jenes Entwurfs mit solchen Hindernissen und Schwierigkeiten begleitet sey, die keine Wahrscheinlichkeit übrig lassen, zu hoffen, daß solche jemahls werde und könne bewirket werden.

§. 4.

Ausserdem aber gesellet sich zu den Schwierigkeiten, denen die Ausführung des Möserischen Entwurfs unterworfen ist, auch noch diese, daß der Herr Verfasser zu der Classe des teutschen Adels nicht nur eingeborne teutsche Edelleute, sondern auch die Französische, Spanische, Niederländische und Italiänische adeliche Geschlechter gerechnet, und selbige zu dem Genuß der Vortheile des teutschen Adels zugelassen wissen will, und zwar aus der singulären Ursache, weil das heilige Römische Reich nicht bloß aus Teutschland, sondern aus allen den Reichen zusammen bestehe, welche jemahls mit ihm zur Vertheidigung der Kirche und eines gemeinschaftlichen Oberhaupts gestanden hätten, und wohin derselbe Frankreich, Spanien, die Niederlande und Italien rechnet. Allein wer siehet nicht, daß diese Ursache sehr weit hergehohlt ist, und in unseren gegenwärtigen Zeiten nicht mehr anschlagen kann? Denn, da besagte Länder schon von undenklichen Zeiten her von Teutschland gänzlich getrennet, mithin keine partes integrantes mehr von selbigen sind, noch seyn können: so ist nicht zu begreifen, wie selbige noch heutiges Tages mit Teutschland das heilige Römische Reich ausmachen

machen sollten, und die adelichen Geschlechter jener von Teutschland völlig abgesonderten Reiche und Länder, als eingeborne jenes heiligen Römischen Reichs noch heut zu Tage angesehen, und selbige zu teutschen Stiftern und Reichswürden zugelassen werden könnten. Eine von dem Verfasser ganz unterschiedene und sehr abstechende Sprache führte ehedem der vortreffliche Kurfürst Franz Lotharius zu Mainz in einem an den damahligen Römischen Pabst im Jahr 169.) erlassenen Schreiben, *) welches Auszugsweise folgendermaßen lautet: *In Germania non nisi Germani ad Ecclesias Cathedrales, iique ex praecipua Nobilitate* (ubi gradus in Theologia vel Iure pro nobilitate non computatur) *admitti possunt*, ex eo, inter alia, quod ex gremiis harum Ecclesiarum eligantur Episcopi et S. R. I. Principes, cuius dignitatis exteri non sunt participes, quale privilegium, cum apud varias alias nationes approbante Sta sede Apostolica reperiatur, etiam hoc in Germania Sanctitas Vestra minime exstingui desiderabit. Hiernächst ist es ja notorisch, daß die Statuten der mehresten teutschen Domcapitel *)

*) s. Alte Staats-Canzley. V. Theil S. 157.

capitel *), des hohen teutschen **) und Johanniter Ritterordens ***) auch anderer adelichen Stifter [illegible] aus-

*) RICCIUS (Chr. Gottl.) von dem landsäßigen Adel in Teutschland Cap. IX. §. 9. S. 338. HOFMANN (Io. Andr.) Diss. de iuribus Indigenarum Germaniae §. 20. In plerisque Germaniae Ecclesiis Cathedralibus statuto dispositum moribusque probatum est, ut nemo licet precibus primariis aut Mandato Apostolico instructus in Canonicorum numerum recipiatur, nisi inter alia doceat, se *Germanum* esse *originarium*.

**) In den erneuerten Statuten dieses Ordens Cap. I. 2. ist folgendes verordnet: Sein Begehren dem Landcommenthur und Capitel neben den gemahlten Wappen und Nahmen der adelichen 8. Ahnen vom Vater, und 8. von der Mutter, so des teutschen Geblüts seyn, schriftlich übergeben — — — der in den Orden zu kommen begehrt, soll von alten adelichen Rittermäßigen Nahmen, ehrlich gebohren — — und von teutschen Geblüte — — seyn. Lünig. Spicil. Eccl. P. I. Cont. 2. S. 54. et 55.

***) In den zu Rom 1588. herausgekommenen Statu-

ausdrücklich erfordern, daß diejenigen, so bey selbigen aufgeschworen werden wollen, von solchen Voreltern abstammen müssen, die bloß teutschen und nicht fremden Ursprungs sind. Da nun diese Statuten zum Besten des teutschen Adels und seiner Nachkommenschaft errichtet worden: wie sollte es denn nur im geringsten wahrscheinlich seyn, daß jene Corpora sich entschließen werden, über diese zu ihrem eignen Vortheil abzweckende Statuten hinauszugehen, und jene ausländische adeliche Familien bloß aus dem unerheblichen Grunde, weil selbige als eingeborne jenes zu unsern Zeiten verdunkelten Heil. Reichs zu betrachten wären, zu dem

Mit-

Statuten dieses Ordens Tit. II. Cap. XIV. heißt es: Qui ordinem nostrum ingressurus est, probabit, se esse natum in illius linguae aut Prioratus limitibus, in quo se recipi postulabit. WOLF (Ge. Chr.) Diss. de Sacris Ordinibus Equestribus, eorumque iuribus §. 17. Goetting. 1736. Reichsgutachten vom 5 Iul. 17[illegible]6. und Kais. Ratificationsdecret vom 25 May 1707. bey FABER in der Staats-Canzley P. XI. Cap. VI. S. [illegible].

Mitgenuß der den teutschen adelichen Familien allein zukommenden Vorrechte und Vortheile zuzulassen, da doch in Frankreich, Spanien, den Niederlanden und Italien dem teutschen Adel der Weg zu den Dom- und andern Stiftern versperret ist?

§. 5.

Man muß sich über diesen Vorschlag des Herrn Verfassers um so mehr verwundern, da demselben unmöglich unbekannt seyn kann, daß die Erz-Hoch- und andere adeliche Stifter großentheils von den Vorfahren des teutschen Adels zu dem Ende dotiret worden, damit ihre Nachkommen ihre Zuflucht dahin nehmen und bey selbigen ihr Unterkommen finden möchten. Schwerlich möchte demnach derselbe bey diesen hohen Corporibus auch nur den mindesten Dank verdienen, daß er fremde und ausländische adeliche Familien, die schon seit Jahrhunderten zu dem teutschen Adel nicht mehr gerechnet worden, derjenigen Vortheile theilhaftig gemacht wissen will, an welche doch der teutsche Adel allein, mit Ausschluß alles fremden Adels, gegründete Ansprache zu machen befugt ist. Man siehet auch gar nicht ab, was die hohe Dom- und

Ritterstifter, auch geistliche Ritter-Orden z. E. den hohen Teutschen, und Johannitter Ritter-Orden bewegen sollte, obenberührte ausländische adeliche Familien in die Mitgenossenschaft ihrer Capitel und Orden aufzunehmen, da es genug alte Teutsche adeliche Geschlechter gibt, die dazu qualificiret — und vor fremden allerdings den Vorzug zu prätendiren berechtiget sind. Vielmehr ist das Möserische Ansinnen dem eigenen Interesse des teutschen Adels schnurstracks zuwider, da dessen Vorfahren ihre Güter den hohen Erz-Hoch-und andern adelichen Stiftern, lediglich in der Absicht zugewendet haben, damit ihre Nachkommen allein, und keine ausländische adeliche Familien, der Praebenden und Canonicate sich zu erfreuen haben möchten. *) Und in Erwegung dieser Umstände, gewinnet es höchstwahrscheinlicher Weise das Ansehen, daß dieser Möserische Vorschlag keinen sonderlichen Beyfall bey den hohen Dom- und Ordens

*) TITIVS (Gottl. Gerhard) in Dissert. De habilitate Nobilitatis Immediatae A. C. ad Capitula Germaniae Lipf. 1709. KNIPSCHILD Tr. de Nobilitate. Lib. III. Cap. 26. n. 37.

Ordens Capiteln finden werde, es müßten denn selbige aus ganz besondern Ursachen ihre eigene Vortheile, zu Gunsten fremder adelicher Familien, aufopfern wollen.

§. 6.

Inzwischen kann man nicht in Abrede stellen, daß, wenn das Möserische Project zur wirklichen Ausführung zu gelangen das Glück haben sollte, solches denjenigen ungemein zu statten kommen würde, welche in die Domcapitel, geistliche Ritterorden und Ritterschaften aufgenommen zu werden suchen. Es ist nämlich eine allgemein bekannte Sache, daß diejenigen, welche bey gedachten Corporibus aufgenommen werden wollen, ungemeine Schwierigkeiten in Absicht auf die Ahnenproben zu überwinden haben, ehe sie ihren Endzweck erreichen können. Man weiß, wie pünctlich und genau die Domcapitel, die geistliche Ritterorden, und Ritterstifter in der Untersuchung der Ahnenprobe, der Wappen, deren Figuren und Farben sind, und wie scharf man dabey zu verfahren pfleget, so daß oft ein fehlender Vorname eines Ahnherrn oder einer Ahnfrau, eine unrichtige Stellung einer Wappenfigur, oder eine dieser letzteren gegebene falsche Tinctur, Weisungen an den Adspiranten veranlassen, daß er seine Ahnenprobe besser als geschehen, bewerkstelligen, oder wenigstens die dagegen gemachte Erinnerungen und Ausstellungen erledigen solle. Ueberdieß würde die oft verweigerte Annahme eines von diesem oder jenen Domcapitel oder Ritterschaft ausgestellten Zeugnisses über die Stiftsmäßigkeit eines Adspiranten wegfallen, weil alsdenn die Beweisarten bey allen Domcapiteln, geistlichen Ritterorden, und Ritterschaften gleichförmig seyn, mithin alle Einreden wider die Rechtsbeständigkeit und Gültigkeit solcher Zeugnisse von selbst cessiren würden: wie denn von der Kaiserlichen Burg Friedberg bekannt ist, daß selbige von solchen Ritter-Corporibus, die nicht recht rein sind, oder genau darauf halten, keine Zeugnisse annimmt, oder wenigstens diese nicht für hinlänglich hält. *)

§. 7.

Nach diesen vorausgeschickten Bemerkungen über die Ausführbarkeit dieses Möserischen Entwurfs

*) ESTOR (Io. Ge.) de ratione usitata et explorata in demonstrando nobilitatem auitam etc. Marb. 1745. App. II.

wurfs nehme ich mir die Erlaubniß, einige vielleicht nicht ganz unerhebliche Erinnerungen über verschiedene Sätze, die der Herr Verfasser in seinem Aufsatz aufgestellet hat, um so mehr zu machen, als selbige sich durch ihre Sonderbarkeit auszuzeichnen, und zum Theil mit der Geschichte der mittleren Zeiten einen Contrast zu machen scheinen. Jedoch will ich mich hiermit aufs feyerlichste verwahren, daß solches keinesweges aus einem Geiste des Widerspruchs geschiehet, sondern lediglich aus Liebe zur Wahrheit. Zu jenen auffallenden Behauptungen rechne ich

1) daß der Herr Verfasser, in dem Kriegsdienst, der in dem mittlern Zeitalter zu Pferde verrichtet wurde, drey Stufen angibt, nämlich, daß einer zuerst gewisse Jahre als *simplex* oder Waffenjunge und wiederum gewisse Jahre als *famulus* oder Knape dienen müssen, ehe er Ritter, *miles*, werden können.

Es wäre zu wünschen gewesen, daß derselbe diese Behauptung durch glaubwürdige historische Zeugnisse erwiesen hätte, da bisher alle Gelehrte darin miteinander vollkommen übereinstimmen,

 daß

daß es in der militia equestri der Teutschen, im mittlern Zeitalter nur zwey Stufen gegeben habe, nemlich der famulorum, oder armigerorum, Schildträger, Schildknechte, Knapen oder Edelknechte, und der militum oder Ritter. *) Mit dem Stande

*) HEINR. MEIBOM in Notis ad Herlingsbergam Tom. I. Scriptor. rer. Germ. p. 802. sagt. Cingulum militare qui nondum acceperant, dicebantur servi servientes famuli, Germanice Knecht, Knapen. Post acceptam dignitatem nominabantur milites, Germ. Ritter. IO. SCHILTER in Comment. ad I. Feud. Alem. Cap. I. §. 1. p. 39. Omnes nobiles nati primo fuerunt armigeri, clientes, Edelknaben, Edelknechte, militares milites gregarii, postea ob virtutem bellicam, cingulo Equestri solenni varioque ritu, creabantur milites s. Equites. IO. LVDW. SCHEIDT in den historischen und diplomatischen Nachrichten vom hohen und niedern Adel in Teutschland §. 8. S. 51. f. erkläret sich deßfalls folgendermassen: In diesem Stand (des Kriegs) hatte man nur zweyerley Gradus, woraus man den Unterschied

Stande der ersteren fingen junge Leute an, die Kriegsdienste zu verrichten, hielten darin öfters viele Probejahre aus, und führten, so lang sie darin blieben, den Namen der **Knapen** und **Knechte**, denen die Beywörter der frommen, tüchtigen, tapfern Knapen und Knechte zur Ehre gegeben wurden. Von der ersten Stufe hingegen, die der Herr Verfasser den *Simplicibus*, oder **Waffenjungen**, wie er sie nennet, anweiset, ist bey allen Schriftstellern ein tiefes Stillschweigen. Die Verrichtungen der famulorum, armigerorum, scutiferorum,

schied unter den Menschen beurtheilte, nemlich den Stand der Ritter, (militum) und den Stand der Schildträger, oder Knapen, Knechte, (armigerorum, famulorum). Denn wenn man zu Felde zog, so trug der Schildträger dem Ritter den Schild nach, bis ihn dieser beym Gefecht selbst zur Hand nahm. Wenn er sich nun bey diesem Geschäft beherzt genug bewiesen, und hinlängliche Proben seiner Tapferkeit an den Tag gelegt hatte, so beehrte man ihn mit der ritterlichen Würde. ANONYMVS von dem Geschlechts-Adel und der Erneuernng des Adels. S. 24. (1779. L.)

rum, Knapen oder Knechte bestanden vorzüglich darin, daß sie die Lanzen und Schilde der Ritter tragen, und überhaupt diesen letztern aufwarten mußten. Worin aber der Simplicium oder der Waffenjungen ihre Beschäfftigungen bestanden haben sollen, ist zwar von dem Herrn Verfasser nicht angezeigt, gleichwohl aber zwischen diesen Simplicibus und jenen Famulis, edlen Knapen, oder Knechten ein wesentlicher Unterschied darin gemacht worden, daß eine jede Gattung dieser beyden gewisse Jahre, und zwar zuerst als Simplex, sodann als Famulus oder Knape dienen müssen. Der Herr Verfasser würde also zu zeigen haben, worin die Verrichtungen des Standes der Simplicium von denen des Stands der famulorum, scutiferorum oder armigerorum unterschieden gewesen. Uebrigens ist hiebey noch wohl zu bemerken, daß die Benennungen, der frommen, tüchtigen, tapferen, ehrlichen, achtbaren und gestrengen Knapen keine Dienstmannschaft, sondern lediglich die unterste Stufe des Kriegsdienstes des Adels anzeigen, und ein jeder vom hohen und niedern Adel diese Namen so lange behielt, bis er zum Ritter gemacht wurde. *)

§. 8.

*) SCHEIDT. a. a. Ort. §. 7. S. 51.

§. 8.

Die Zahl der paradoxen Sätze des Herrn Verfassers vermehrt ferner derjenige

2) daß ein Bischoff, Herzog, Fürst oder Graf in dem 12ten Jahrhundert das Recht gehabt haben solle, gewisse Personen, durch die Aufnahme in die Dienstmannschaft, zu adeln.

Diesen Satz vermeint der Herr Verfasser durch ein Beyspiel zu erläutern, da vermöge einer bey dem Freyherrn v. Gudenus, *) stehenden Urkunde, der Erzbischoff Adelbert zu Maynz dem Probst zu Aschaffenburg im Jahr 1127. die Erlaubniß gegeben hat, duos viros eiusdem Praepositurae, aliquando quidem censuales, cum consensu Advocati zu seinen Ministerialen anzunehmen, und den einen zum Erbmarschall, den andern hingegen zum Erbschenken zu machen; und füget hiebey die auffallende Bemerkung an: daß diese Standeserhöhung zweyer *Censualium sub Advocatia inferiori constitutorum* zeige, wie man, ohne einen Kayserlichen Brief, ein Edelmann werden könne. Daß diese beyde Ministerialen durch die ihnen übertragene Erbmar-

*) Codice Diplomatico. Tom. I. N. 394.

schall- und Erbschenken-Stelle eo ipso Edelleute geworden seyn sollten, wird niemand dem Verf. auf sein Wort glauben, sondern es vielmehr für eine unerwiesene Hypothese halten. Denn

1) ist in dem damaligen Zeitalter der Gebrauch, jemand durch Uebertragung dieses oder jenen Erbamts, eo ipso in den Adelstand zu erheben, unerhört und ungewöhnlich.

2) Müßten alle diejenigen Freygeborne, die von Erz- und Hochstiftern, Abteyen und Gotteshäusern, Fürsten und Grafen zu ihren Dienstmannen angenommen worden, oder sich freywillig in die Dienstmannschaft bey selbigen begeben hätten, dadurch den Adelstand erlangt haben, welches aber eben so irrig und geschichtswidrig ist, als es

3) gewiß ist, daß nur diejenige von den Freygebornen adelich geworden, welche Landgüter besessen, sich dem Kriegsdienst ganz gewidmet, und solchen auf ihre eigene Kosten verrichtet haben. *)

4) Kann man höchstens das von Hn M. angeführte Beyspiel als eine Erläuterung seines

Satzes

*) ANONYM. von dem Geschlechtsadel. S. 19.

Satzes passiren lassen, nimmermehr aber als einen Beweis desselben, als welchen er in Ewigkeit schuldig bleiben wird: folglich begeht derselbe hier eine offenbare petitionem principii, indem er dasjenige allschon für wahr und erwiesen annimmt, was er doch erst noch hätte beweisen sollen.

§. 9.

Zu der Classe der seltsamen Sätze, die der Herr Verfasser aufgestellet hat, gehöret

3) dieser, daß es nämlich nicht allein an sich ungegründet, sondern auch allen Reichsfürsten schimpflich sey, wenn von einigen Capiteln und Ritterschaften auch dieses erfordert werden wolle, daß derjenige, der darein aufgenommen zu werden verlange, aus der Reichs-Ritterschaft seyn müsse.

Hier scheint der Herr Verfasser eine etwas gehässige Denkungsart gegen diejenige Domcapitel, die die Unmittelbarkeit derjenigen erfordern, die bey ihnen aufgeschworen zu werden begehren, zu verrathen. Es ist nicht schwer zu errathen, daß er auf die hohen Domcapitel zu Mainz, Bamberg und Wirzburg ziele, als welche berührte Eigenschaft

bey

bey denen, die sich um Präbenden bey ihnen bewerben, vorzüglich erfordern. Diese Forderung aber soll nach des Herrn Verfassers Meinung nicht nur an sich ungegründet, sondern auch allen Reichsfürsten schimpflich seyn. Gewiß eine sehr harte Aeusserung, die sich schwerlich hinlänglich rechtfertigen lassen dürfte. Fraget man nun nach den Beweis derselben: so wird lediglich weiter nichts gesagt, als weil zwischen Kaiserlichen und Fürstlichen Dienstleuten, oder welches einerley sey, zwischen der unmittelbaren freyen Reichsritterschaft und der mittelbaren Ritterschaft von den ältesten Zeiten her, kein Unterschied gewesen, folglich auch keine Ursache vorhanden sey, warum von gedachten Domcapiteln blos Reichsunmittelbare, und nicht auch mittelbare von Adel zu Präbenden und Capitular-Stellen zugelassen werden wollten. Keinen seichteren Grund aber hätte der Herr Verfasser angeben können, als diesen.

§. 10.

So gerne man nun dem Herrn Verfasser zugeben kann, daß zwischen den ehemahligen Kayserlichen und Fürstlichen Ministerialen in Ansehung der Dienstpflicht überhaupt kein Unterschied gewesen, dieses auch durch gleichzeitige Geschichtschreiber und Urkunden des mittlern Alters bestättiget wird: so scheint dennoch die daraus gezogene Schlußfolge, daß, weil unter jenen beyden Gattungen von Ministerialen kein Unterschied gewesen sey, solches ebenfalls von den beyden Classen des niedern Adels, nämlich der unmittelbaren Reichs- und der landsässigen Ritterschaft von den ältesten Zeiten her, gelte, keineswegs ihre Richtigkeit zu haben. Denn

1) gründet sich diese Behauptung auf die von IO. GE. ESTOR *) ehemahls aufgestellte Hypothese, daß der ganze niedere sowohl unmittelbare Reichsadel, als landsässige Adel der Ministerialität unterworfen gewesen sey. Gleichwie aber selbige grundfalsch ist, und deren Allgemeinheit von CHRIST. GOTTL. RICCIVS**) mit gutem Grund wider-

*) In Commentariis de Ministerialibus. Argentor. 1727. 4.

**) In Spicilegio Iur. Germ. Lib. I. Tit. V. Membr. I. §. 184. verbis: Hoc loco haud est praetereundum experientiae minus esse superstructum, qui aliis persuadere conantur, Nobiles Imperii Immediatos olim in ministerialitate vixisse, vel mini-

widersprochen, von CHRIST. LVDWIG SCHEIDT *) hingegen auf das evidenteste dargethan worden, daß in dem mittlern Zeitalter die ganze Classe des niedern Adels der Regel nach, der Dienstmannschaft nicht unterworfen gewesen sey, und die Ministerialität bey dieser oder jener einzelnen Person eine Ausnahme mache; **) also muß man

ministerialium conditionem subiisse. Multos enim de iis, ac de Landsassica Nobilitate extra statum ministerialitatis degisse atque praediis propriis sive allodialibus se honeste sustentasse, nos dubitare non sinunt litteraria superiorum temporum monumenta.

*) a. a. Ort §. 14. S. 103. allwo er sagt: Man habe dieses irrige Suppositum auf dem unrichtigen Begriff von den Benennungen *Famulus*, Knape, Knecht, oder Edelknecht gesetzt, welcher doch, nachdem nunmehr diese Wörter ihre richtige Bedeutung empfangen hätten, nicht das allermindeste in Ansehung dieser Hypothese beweisen könnte.

**) a. nur a. Ort. §. 14. S. 107. ANONYMVS vom Geschlechtsadel. S. 27.

man sich allerdings verwundern, daß der Herr Verfasser diese als irrig und falsch schon längst verworfene Hypothese hat wieder vortragen mögen. Doch, gesetzt auch, aber nicht eingestanden, den Fall, daß der ganze niedere Adel, der Ministerialität unterworfen gewesen wäre: so ist es gleichwohl ebenmäßig geschichtswidrig, daß derselbe allein die Classe der Dienstmannen ausgemacht habe, indem oftberührter CHRIST. LVDW. SCHEIDT *) aus den glaubwürdigsten Urkunden bewähret hat, daß viele Personen vom hohen Adel als Fürsten und Grafen nicht nur bey den teutschen Kaisern und Königen, sondern auch bey ihres gleichen, so wie bey Erz-

*) a. oft angeführten Ort. §. 14. S. 103 und 107. wo er viele Beyspiele hievon anführet, zu welchen man noch dieses setzet, daß Graf Ulrich mit dem Daumen zu Würtemberg ein Ministerialis des Herzogs Conradin von Schwaben gewesen, da jenem von diesem das Marschallamt von Schwaben ist übertragen worden. Man sehe Sattlers Geschichte Würtembergs unter der Regierung der Grafen I. Th. S. 634. und Spittlers Geschichte Würtembergs. S. 10.

Erz- und Hochstiftern, Abteyen urd Gotteshäusern sich in die Dienstmannschaft begeben haben.

§. 11.

Ferner ist es 2) keineswegs schlechterdings wahr, daß zwischen der unmittelbaren freyen Reichsritterschaft und der landsässigen Ritterschaft von den ältesten Zeiten her kein Unterschied gewesen sey. Denn ob man schon einräumen kann, daß der unmittelbare Reichs- und landsässige Adel, in Ansehung seines Ursprungs und des Adelsstandes selbst, nicht von einander unterschieden ist, da beyde Gattungen von den Freygebornen, die Landgüter besassen, sich dem Kriegsdienste widmeten, und solchen auf ihre Kosten verrichteten, abstammen *) auch die Unmittelbarkeit der erstern Gattung keinen höhern Grad des Adels beyleget, weil ein Edelmann ein Edelmann ist, er mag ein unmittelbarer oder mittelbarer von Adel seyn **) so lässet sich doch solches nicht

*) a SELCHOW Elem. Iur. Germ. priv. §. 254. Dav. Ge. STRVBEN Nebenstunden III Theil Num. 21.

**) RICCIVS vom Landsäßigen Adel Cap. XIX. §. 1. S. 374.

nicht in Rücksicht auf den politischen Zustand, und die Verfassung des unmittelbaren Reichs- und mittelbaren Adels behaupten: und man kann sich unmöglich überreden zu glauben, daß der Herr Geheime Justiz-Rath Möser, der so ausgebreitete Kenntnisse in der Geschichte des teutschen Reichs und dessen Staats-Rechts besitzet, die Meinung im Ernst hegen sollte, daß der Zustand und die Staatsverfassung der unmittelbaren freyen Reichs-Ritterschaft völlig einerley mit der von der landsässigen Ritterschaft sey. Denn nicht zu gedenken, daß die Reichsunmittelbare von Adel schon in dem 13ten Jahrhundert an den öffentlichen Reichstags-Berathschlagungen Antheil gehabt und in folgenden Zeiten mit Fürsten, Grafen und Reichsstädten öffentliche Bündnisse errichtet haben, welches gewiß ein wesentlicher und unterscheidender Vorzug vor der mittelbaren Ritterschaft schon in den Zeiten des 14ten Jahrhunderts gewesen: *) so ist es ja allzubekannt, daß die Reichsunmittelbare von Adel in dem 14ten Jahrhundert einen eigenen

*) Vertheidigte Freyheit und Unmittelbarkeit der Reichs-Ritterschaft u. s. w. P. II. S. 3 ff.

Staatskörper in Teutschland zu bilden, Gesellschaften und Bündnisse unter sich zu errichten angefangen, auch solche eminente Freyheiten, Privilegien, und Gerechtsame erlanget haben, daß sie sich in Ansehung ihres politischen Zustands und ihrer Staatsverfassung auf eine unverkennbare Art von dem landsässigen Adel unterscheidet, folglich derjenige, der solchen Unterschied mißkennen will, entweder ganz fremd in dem teutschen Staatsrecht seyn, oder mit gutem Vorbedacht die Vorzüge des freyen unmittelbaren Reichsadels vor dem landsässigen, zu Gunsten des letzteren herabzuwürdigen und zu verringern suchen müsse. Endlich und 3) würde aus dem von dem Herrn Verfasser angenommenen oder vielmehr nur von neuem aufgewärmten grundirrigen Satz noch diese Folge fliessen, daß weder eine unmittelbare Reichsritterschaft, noch eine landsässige Ritterschaft mehr existire. Denn es ist unstreitig gewiß, daß seit dem 15ten Jahrhundert das Wort Ministerialis, Dienstmann, nebst den damit verknüpften Diensten, ausser den noch übrig gebliebenen bekannten Erbämtern, ganz abgekommen ist, mithin der ganze Stand der Ministerialen seit der Zeit aufgehöret habe. *) Da

*) Vertheidigte Freyheit und Unmittelbarkeit der Reichs-

Da nun aber nach des Herrn Verfassers Hypothese die Reichsritterschaft mit den kaiserlichen Ministerialen, und die mittelbare Ritterschaft mit den Fürstlichen Ministerialen völlig einerley ist: so folgt hieraus, daß beyderley Gattungen von Ritterschaften bereits seit dem 15ten Jahrhundert nicht mehr vorhanden sind. Will man diesen Schluß nicht gelten lassen, so zeige man dessen Unrichtigkeit. Denn der Vordersatz ist eine unläugbare historische Wahrheit, welche durch unverwerfliche Zeugnisse der unten angezogenen Schriftsteller bestärket ist,

Reichsritterschaft 1. Th. N. 61. ANON. Von dem Geschlechtsadel und Erneuerung des Adels S. 34. Dieser sagt: Die Ritterschaft und die Dienstmannschaft hat schon im 15ten Jahrhundert, so wie sie bis dahin bestanden, aufgehört, und ihre Endschaft ist vornämlich der veränderten Art Krieg zu führen, der Einführung stehender Kriegsheere, und der neueren Einrichtung der Höfe zuzuschreiben. Man vergleiche damit STRUBEN T. IV. Nebenstunden. S. 43.

und die der Herr Verfasser hoffentlich nicht in Zweifel ziehen wird. Der Nachsatz ist des Herrn Verfassers eigene Hypothese, mithin muß die daraus hergeleitete Schlußfolge ihre Richtigkeit haben. Wem muß aber die Schlußfolge, daß weder ein unmittelbarer noch mittelbarer Adel mehr vorhanden sey, nicht höchst ungereimt vorkommen? und wer vermisset nicht hier die dem Herrn Verfasser sonst eigene gründliche Beurtheilung in einem Fache, wo er eigentlich zu Hause ist?

§. 12.

Ist nun im vorhergehenden dargethan worden, daß von uralten Zeiten her ein großer Unterschied unter der unmittelbaren freyen Reichs- und landsässigen Ritterschaft gewesen, und noch heutiges Tags sey: so will man noch ferner sehr evident zeigen, daß die Befugniß jener hohen Domcapitel, bey den Adspiranten auf ihre Unmittelbarkeit, und reichsadeliche Abkunft zu sehen, an sich gegründet sey. Denn sollte jene Befugniß der hohen Domcapitel an sich ungegründet seyn; so müßte selbige ihnen gar nicht gebühren, somit ihnen kein Recht zukommen, die Eigenschaft derjenigen durch Statuten, Capitel-Schlüsse oder Verträge

mit

mit andern zu bestimmen, die sich bey ihnen um Präbenden melden. Da nun aber ein jedes öffentlich approbirtes Collegium, oder Corpus die Befugniß hat, die Eigenschaften derjenigen vestzusetzen, die bey selbigem aufgenommen werden wollen, und zu verordnen, daß diejenigen, die solche Erfordernisse nicht erweislich beybringen können, davon ausgeschlossen seyn sollen; die Domcapitel aber unstreitig unter die Zahl dieser Collegien und Societäten gehören: so muß selbigen als Corporibus publice approbatis allerdings die Befugniß zustehen, die Erfordernisse derer, die bey ihnen präbendirt werden wollen, zu bestimmen, mithin zu verlangen, daß die Adspiranten aus dem unmittelbaren Reichsadel herstammen sollen, wenn sie bey selbigen zu Präbenden gelangen wollen. Hieraus fließet also, daß diese Befugniß jener hohen Domcapitel schon in der Natur eines Corporis publice approbati liege, mithin solche an sich unmöglich ungegründet seyn könne. Zweytens beruhet diese Forderung über dieß auf den besten Gründen. Denn was das hohe Domcapitel des Erzstifts Mainz betrifft, so hat dasselbe vom P. INNOCENS IV. ein Privilegium erhalten, vermöge dessen es nicht schuldig und verbunden seyn soll, fremde, und unbekannbekannte ausserhalb dem Rheinischen Kreis entsprossene adeliche Personen aufzunehmen. Dieses Privilegium ist nachgehends vom Pabst PIVS V. dahin erweitert, erklärt und bestättiget worden, „daß das hochwürdige Domcapitel keinen aus den Niederländischen Provinzien herstammenden von Adel auf- und annehmen, noch zum Besitz der Präbenden und Canonicate zulassen solle. Und auch diesen Freyheitsbrief hat Pabst GREGOR. XIII. confirmiret und bestättiget. Ja es kommt hierzu noch eine unfürdenkliche Observanz, kraft deren vom Jahr 1628 bis 1737. da ein gewisser Westfälischer von Adel Namens von Reck, dem Mainzischen Domcapitel die Befugniß, mittelbare von Adel von den dortigen Dompräbenden ausschliessen zu können, streitig machen wollen; keinem vom Niederländisch-Westfälischen Adel der Zutritt zu selbigem gestattet worden, und wodurch jene päbstlichen Privilegien noch ein grösseres Gewicht erhalten.*) Als daher im Jahr 1576. und den folgen-

*) I. GE. CRAMER in Tract. de Iuribus Nobilitatis avitae p. 248. lit. c) sagt: sunt Capitula quaedam in Germania, Metropolitana et Cathedra-

folgenden verschiedene Niederländisch-Westfälische vom Adel sich beygehen liessen, sich in dieses Erzstift einzudringen ; so wurden selbigen nicht nur jener päbstliche Freyheitsbrief, sondern auch dessen Bestättigungen und Erweiterungen entgegengesetzt, ja alle ihre Versuche und Bemühungen, ihren Endzweck durch den Päbstlichen Hof zu erreichen, gänzlich vereitelt, wie solches die dießfalls ergangenen Acten mit mehrern bewähren.

§. 13.

Ob nun wohl die Befugniß des hohen Domcapitels zu Mainz durch obengenannte Päbstliche Privilegien und durch ein uraltes Herkommen hin-

thedralia, quae nobiles Landsassios excludunt, et solos nobiles immediatos recipiunt. Ita Capitulum Moguntinum non alios inter Capitulares et Canonicos cooptat, quam nobiles Immediatos Circuli Rheni superioris, et Capitula Ecclesiae Bambergensis et Herbipolitanae Cathedralia praebendas suas solis concedunt Nobilibus Franconiae immediatis.

länglich gegründet und sicher gestellet ist; so hat selbiges nichts desto weniger in dem jetzigen Jahrhundert mit den beyden Hochstiftern Bamberg und Würzburg die Uebereinkunft getroffen, daß diese 3 Dom-Capitel keinen in ihren Schoos aufnehmen wollen, der nicht, nebst der erforderlichen Ahnenprobe, das Zeugniß seiner unmittelbaren Reichsadelichen Geburt und Abkunft, von einem der Reichsritter-Cantonen beyzubringen vermöge*). Endlich und drittens wird auch noch die Befugniß dieser hohen Domcapitel, den landsässigen Adel von der Erlangung der dortigen Domprâbenden auszuschliessen, und den unmittelbaren Reichsadel allein dazu zu lassen, durch die Kaiserl. Wahlcapitulation**) noch mehr gesichert, indem darin ausdrücklich verordnet ist, daß bey den Domcapiteln ihre hergebrachte Statuten, Privilegien und Gewohnheiten beobachtet, und selbige dabey gehandhabt werden sollen.

§. 14.

*) IO. OCTAV. SALVER Proben des teutschen Reichsadels S. 130. 131. und 172. (Würzburg 1775. Fol.)

**) Kayser Josephs II. Art. XIV. §. 1.

§. 14.

Doch der Herr Verfasser ist damit nicht zufrieden, daß er jene Domcapitliche Forderung für ungegründet ausgibt, sondern er behauptet sogar, daß selbige allen Reichs-Fürsten schimpflich sey. Anstatt nun zu erweisen, in wie fern letzteres mit Wahrheitsgrund gesagt werden könne, ist es ihm genug, zwischen dieser Forderung der Erz- und Hochstifter, und derjenigen eine Parallele zu ziehen, welche die Kaiserliche Officiers im Jahr 1737 *) gemacht haben sollen, da nämlich diese den Reichsfürstlichen vom gleichen Range ohne Unterschied des Dienstalters vorgehen wollen, von dieser Forderung aber geschwind abgestanden hätten, als ein gewisser großer Reichs-Fürst seine Völker darüber von der Reichs-Armee am Rhein zurückziehen wollen. Allein 1) ist es eine sehr gehässige Beschuldigung jener hohen Domcapitel, wenn er dieser ihre Forderung so geartet schildert, daß sie allen Reichsfürsten schimpflich sey. Ich möchte wohl wissen, worin der Herr Verfasser das Schimpf-

*) Dieß soll heissen 1734. denn im J. 1737. war keine Reichsarmee am Rhein und Prinz Eugen nicht mehr am Leben.

Schimpfliche für alle Reichsfürsten gefunden haben will? Nach meinem Ermessen müßte vermöge der eigentlichen Erklärung des Worts: Schimpf durch beregte Domcapitliche Forderung die Ehre, Hoheit und Würde der Reichsfürsten gekränkt seyn. Wie mag aber dieses der Herr Verfasser nur mit dem geringsten Schein der Wahrheit behaupten? Werden denn die Reichsfürsten dadurch an ihrer Ehre Hoheit und Würde angegriffen und beschimpfet, wenn jene Domcapitel sich ihrer Gerechtsame und Befugnisse bedienen, die auf Privilegien, uralte Gewohnheiten und Conventionen gegründet sind? Kann denn ein dritter es als eine Beleidigung ansehen, wenn jemand seine wohlerworbenen Gerechtsame und Zuständigkeiten gebraucht? Sind denn die Domcapitel als öffentlich bestättigte pia Corpora nicht befugt die Eigenschaften derjenigen zu bestimmen, die in selbige aufgenommen werden wollen? und sind selbige nicht berechtiget, vorzüglich reichsunmittelbare adeliche Familien, deren Vorfahren ihren Erz- und Hochstiftern so viele und beträchtliche Güter zugewendet haben, zu begünstigen, und solche mit Ausschließung des landsässigen Adels zu Präbenden und Canonicaten allein

zuzulas-

zuzulassen?) 2) Ist die Vergleichung, die er zwischen jener Forderung der Erz- und Hochstifter und der von den Kaiserlichen Officiers formirten Prätension machet, gar nicht passend und treffend. Denn jener ihre beruhet auf guten und starken Gründen, nämlich auf Päbstlichen Freyheitsbriefen, auf der Observanz und auf Vereinigungen. Dieser ihre hingegen gründet sich lediglich auf nichts anders, als auf eine stolze Idee, daß, weil sie Kaiserliche Officiers wären, ihnen eine Präcedenz vor den Reichsfürstlichen von gleichem Range ohne Unterschied des Dienstalters gebühre. Ferner enthält die Befugniß der Erz- und Hochstifter nicht das mindeste, wodurch die Reichsfürsten beleidiget, noch beschimpfet werden können. Dahingegen die sich von den Kaiserlichen Officiers anmassen wollende Präcedenz vor den Reichsfürstlichen, dieser letztern ihren Principalen allerdings sehr präjudicirlich, beleidigend und schimpflich seyn müssen, weil jener Forderung eine Neuerung war, die den Reichsfürsten durchaus nicht gleichgültig seyn konnte, über dem aber der uralten Observanz im teutschen Reich zuwiderlief, vermöge deren ein Reichsfürstlicher Officier einem Kaiserlichen von gleichem Range, wenn jener länger gedient hat, als dieser, vor letzteren

teren die Präcedenz hat. Ingleichen hat es mit der in Frage stehenden Domcapitelischen Befugsame diese Bewandniß, daß es von ihnen allein abhänget, in ihren Statuten, wenn sie auch gleich nicht von den römischen Päbsten und Kaisern confirmirt sind, diejenigen Requisiten vestzusetzen, welchen diejenige ein Genüge thun müssen, die bey ihnen aufgenommen werden wollen. Ganz anders aber ist es mit der ehemahligen Prätension der kaiserlichen Officiers beschaffen. Diese konnten für sich allein sich jenes Vorrecht vor den Fürstlichen keinesweges anmassen, sondern mußten sich nach der oben angeführten Observanz, die ihren Grund in einer stillschweigenden Einwilligung des Kaisers und der Reichsstände hatte, richten, und ihr Benehmen hiernach bemessen. Endlich ist auch das Möserische Vorgeben, als ob die Forderung jener Domcapitel sogar allen Reichsfürsten zum Schimpf gereiche, um deswillen unstatthaft und grundlos, weil, wenn dem wirklich so wäre, der Erzbischoff zu Mainz und die Bischöffe zu Bamberg und Wirzburg, die doch auch respective Kur- und Fürsten, und Landesherren über jene hohe Domcapitel sind, diesen Schimpf von letzteren gewiß mit keiner Gleichmüthigkeit ertragen, und nicht nur berührte Domcapitelische Forderung nachdrück-

lich

lichst ahnden, sondern auch abstellen würden. Vielleicht aber verstehet der Verfasser es nicht so, daß die Ausübung jener Domcapitelischen Befugniß den Reichsfürsten directe oder unmittelbar, sondern nur per indirectum oder mittelbar zum Schimpf gereiche, da die unter selbigen sich befindliche landsäßige Ritterschaft und deren Familien von jenen Domcapitelischen Präbenden und Canonicaten ausgeschlossen würden, deren Adel doch so gut und so alt, als der Reichsritterschaftlichen Familien ihrer sey. Wenn der Herr Verfasser den Schimpf in diesem letztern Verstand nimmt, so wäre es eher als eine Verachtung des landsäßigen Adels, als wie ein Schimpf für die Reichsfürsten anzusehen, unter denen jener gesessen ist. Allein es hat bereits der oben angezogene IO. GEORG. CRAMER *) dieser Beschuldigung hin-

*) a. v. angezogenen Ort, wo er folgendermassen fortfähret: At rigoris huius causa non tam quaerenda est in contemtu nobilitatis mediatae, quam potius in eximio Nobilitatis immediatae favore, qui non potuit praevalere in illis Ecclesiis Cathedralibus, quarum Capitulares plerique suos ex familiis nobilium immediatorum traxerunt natales.

hinlänglich begegnet, und bemerket, daß die Ausschliessung des Mediat-Adels von den Domcapiteln, nicht sowohl in einer Verachtung des landsässigen Adels, als vielmehr in einer vorzüglichen Begünstigung des unmittelbaren Reichsadels zu suchen sey, die in jenen Domcapiteln nothwendig habe die Oberhand gewinnen müssen, weil die mehreste bey selbigen präbendirte Domcapitularen selbst aus Reichsadelichen Familien entsprossen wären. Endlich ist auch die Ausschließung des mittelbaren Adels von erwähnten Domcapiteln so wenig als eine Verachtung oder Beschimpfung desselben anzusehen, als wenig es dem unmittelbaren Reichsadel zum Schimpf gereichen kann, daß derselbe von den Präbenden des Hochstifts Straßburg, der gefürsteten Abteyen Quedlinburg und Gandersheim ausgeschlossen ist, da in berührtem Hochstift und Abteyen nur solche Personen zu Präbenden gelangen, die ihre Abkunft von Reichsfürstlichen und Gräflichen Familien erweisen können.

§. 15.

Aus dem, was bisher angeführet worden, lässet sich nunmehr folgender Schluß machen. 1) Hat das Erzstift Mainz päbstliche Privilegien, vermöge

deren

deren es keine unbekannte, sondern blos solche vom Reichsadel, die aus dem Rheinischen Ritterkreis entsprossen sind, aufzunehmen befugt ist; 2) werden diese Privilegien überdieß noch durch ein uraltes Herkommen unterstützt; 3) sind diese Privilegien selbst durch die kaiserliche Wahlcapitulation als gültig anerkannt und bestättiget, und endlich 4) zwischen dem hohen Domcapitel zu Mainz und denen zu Bamberg und Wirzburg eine Vereinigung getroffen worden, keine andere adeliche Personen als solche zu admittiren, deren Voreltern bey der unmittelbaren freyen Reichsritterschaft aller drey Ritterkreise immatriculirt gewesen; so stehet mit Bestand Rechtens nicht zu behaupten, daß die Forderung jener Domcapitel, daß nämlich einer aus der Reichsritterschaft seyn müsse, der darin aufgenommen werden wolle, ungegründet sey. Es ist demnach fast unbegreiflich, wie der Herr geheime Justitzrath Möser, dessen Verdiensten man sonst alle Gerechtigkeit widerfahren lässet, auf den Gedanken gerathen können, die Befugniß oft ernannter hohen Domcapitel als ungegründet vorzuspiegeln, ohne nur den mindesten Beweis davon beyzubringen; nicht zu gedenken, daß es eine sehr gewagte Sache ist, die Gerechtsame und Befugnisse berührter

ter Domcapitel, nicht sowohl zu bezweifeln, als vielmehr dem Publicum als bodenlos darzustellen.

§. 16.

Nach der Aeusserung des Herrn Verfassers sollen nicht nur gewisse Domcapitel, sondern sogar auch einige Ritterschaften die Forderung machen, daß diejenigen, die bey letzteren aufgenommen werden wollen, von Reichsadelichen Voreltern abstammen, und aus der Reichsritterschaft seyn sollen. Was aber dieses für Ritterschaften sind, ist von dem Herrn Verfasser nicht bemerket worden, so wie es auch in Ansehung der Domcapitel nicht geschehen ist. Man hat sich daher alle Mühe gegeben, diese Ritterschaften irgendwo ausfindig zu machen, und sowohl bey LVNIG *) als auch bey RICCIVS **) und

*) Collectio nova von der mittelbaren oder landsässigen Ritterschaft. Leipzig 1730. T. I. et II. fol.

**) Zuverlässiger Entwurf von dem landsässigen Adel in Teutschland. Nürnberg 1735. Nach I. I. MOSER in seinem Tractat von der Reichsstände Landen, Landständen 2ten Buch Frankf. 1769 hat dieser Forderung dieser oder jener Mediat-Ritterschaft nicht die mindeste Erwähnung gethan.

und andern dießfalls nachgeschlagen; aber man ist nicht so glücklich gewesen, solches erforschen zu können. Nün will man zwar nicht die Möglichkeit längnen, daß es Ritterschaften gibt, die bey ihren aufzunehmenden Mitgliedern die nämliche Erforderniß, wie jene Domcapitel, verlangen. Allein, wenn man der Sache genau nachdenket, so ist es höchst unwahrscheinlich, daß eine Ritterschaft jenes Erforderniß zu einer conditione sine qua non machen solle. Denn entweder soll es die unmittelbare Reichsritterschaft, oder eine landsässige Ritterschaft seyn. Jene macht aber in dem zu Heilbronn im Jahr 1750 von sämtlichen 3 Ritterkreisen errichteten Receptions-Statut nichts weniger als die immediate Reichsadeliche Herkunft den Adspiranten zu einer Bedingung, sondern es kann ein jeder Landsässiger von Adel, wenn er die im besagten Statut vestgesetzte Bedingungen erfüllet, in die Genossenschaft des unmittelbaren freyen Reichsadels aufgenommen werden; mithin kann der Herr Verfasser die unmittelbare Reichsritterschaft unmöglich gemeinet haben. Soll es aber eine landsässige Ritterschaft seyn, die von den bey ihr aufzunehmenden Mitgliedern jene Eigenschaft fordert: so ist nicht zu begreifen, was selbige hiebey für eine Absicht oder Nutzen hätte. Denn wenn ein Unmittelbarer, von Adel ein Mitglied von dem Corpus einer Mediat-Ritterschaft wird: so hat dessen reichsadeliche Abkunft keinen wesentlichen Einfluß auf seine Vermitgliederung und gibt ihm auch keinen Vorzug vor den übrigen Mitgliedern besagter Ritterschaft, noch werden dadurch seine Gerechtsame und Befugnisse, die aus der Landstandschaft fließen, im mindesten erhöhet. Eben diese Bewandniß hat es mit der Immedietät eines bey einer Mediat-Ritterschaft immatriculirten Reichscavaliers. Denn so bald derselbe in diese Genossenschaft aufgenommen ist, so fällt seine Immedietät in Absicht auf den Landesherrn weg und er muß sowohl wegen seiner Person, als auch wegen der besitzenden Güter sich den landesherrlichen Verordnungen unterwerfen; er wird als ein Landsasse behandelt, muß die Gerichtbarkeit der landesherrlichen Regierung erkennen, vor derselben Recht nehmen und geben. Wenn man alle diese Umstände mit jener Behauptung des Herrn Verfassers zusammen hält, so entstehet hieraus ein sehr seltsamer Contrast, den er gar wohl hätte verhüten können, wenn es ihm gefällig gewesen wäre, die landsässige Ritterschaften namentlich anzuzeigen, bey welchen es gewöhnlich seyn soll, zu verlangen, daß diejenigen,

welche

welche als Mitglieder bey ihnen aufgenommen werden wollen, von reichsunmittelbaren adelichen Herkommen seyn müssen. Ja es hätte dem Herrn Verfasser um so mehr gebühret, seine Behauptung mit Beweis zu begleiten, als er nicht begehren kann, daß man seinem bloßen Vorgeben in einer solchen Sache schlechterdings Glauben beylegen soll.

§. 17.

Gibt es nun aber keine mittelbare Ritterschaft, welche unter andern Eigenschaften, die reichsadeliche Abstammung von ihren Abspiranten verlanget: so fällt nothwendigerweise die Beschuldigung des Herrn Verfassers, daß nämlich besagte Forderung verschiedener mittelbaren Ritterschaften ebenmässig ungegründet, und allen Reichsfürsten schimpflich sey, gänzlich so lang hinweg, bis derselbe erweislich darleget, daß es wirklich Mediat-Ritterschaften gebe, die von denen, so bey ihnen als Mitglieder aufgenommen werden wollen, fordern, daß sie aus reichsunmittelbaren adelichen Geschlechtern originiren und diese ihre Abkunft bescheinigen müssen.

VI.

Verschiedene alte meistens Reichsstädtische Mühl- und Brod-Verordnungen.

Das Brod, ein für Jedermann, besonders aber den gemeinen Mann unentbehrliches Bedürfniß, war jederzeit ein Vorwurf von grösster Wichtigkeit, womit sich die Obrigkeiten eines policirten Staats beschäftigten. Man muß es den Reichsstädtischen Obrigkeiten zum Ruhm nachsagen, daß sie vorzüglich bedacht waren, ihren Bürgern Brod von rechter Güte uud Schwehre zu verschaffen, und daß sie es darin den meisten andern Staaten zuvor thaten. Man überläßt es den Politikern, hievon die wahren Ursachen aufzusuchen, und begnügt sich dem Publicum verschiedene noch nie gedruckte Verordnungen vor Augen zu legen, die nicht ohne Nutzen seyn werden. Sie haben ihren entschiedenen Wehrt, sowohl als Beyträge zu alten teutschen Gesetzen, als in Absicht auf den Inhalt, weil man hier und da immer auf einen Umstand stößt, den man der Vervortheilung der Müller und Becken entgegen setzen kann.

Der

Der von Augspurg Verordnung vom Jahr 1416.

Jm Viertzehenhundertisten vnd Jm xvj. Jare, Haben etlich vnser Ratgeben ein solch ordenung vnd Rechnung von packens wegen ausgerechnet vnd befunden als hernachgeschriben stet. Darnach wir vns gewonlich dester bas richten, nach gang vnd wert des korns vnd sunder als wir auf die Zeit mit Jn gepachen haben, vnd als wir auf hewer mit Jn gepachen haben, haben wir dennoch nach gleichem ausgeben vnd sachen auß dieser nachgeschriben ordnung einen anslag gemacht, als die hernach begriffen stet,

Jtem auf das obgeschriben xvj Jare Mulz 1) vnd puch der Rat Augspurg mit Jren peken.

Jtem wie man kaufft den kern So get darnach auf einen scheffel xxxv. ß. pfennig das prot daraus wirt, vnd ist die munß 2) vor dauon das ist vmb sack messer lone, Eseltreiber lone, vngelt, messen, Sib, Wannen, Beutel - Mülner, beutler, vnd schaiber lon, Heffen, Salz, Holz, trog, schaff, knecht, maid 3) lone vnd Hauß - Zinße,

1) mahlte. 2) Miz, Abzug des Müllers.
3) Mägde - Lohn.

Item in dem Jare galt keren 4) ein scheffel vj. lb. Dn. vnd viij. Dn. Item daraus wirt v. C. vnd xxvj. Semeln vnd prezen von xiiij. lot, vnd wirt iij. C. vnd lx. schlecht pretzen von xvj. lot alles zu Hallern, vnd mer vj. metzen cleyen, einen metzen für v, Dn. Summ vij. lb. Dn. xvij. ß. vnd ij. Dn.

Item es gelt korn wie der kauffe ist. So wirt doch auß einem Scheffel gebachens prots semel ij. Ct. vnd xxx lb. vnd iiij. lot. Vnd mer einen Zentner vnd lxxx. lb. schlecht prezen prot vnd die cley vj. metzen vnd ist das gut von der straß von dem Sand zu sein von der Schmutter vnd von Beyern, Aber Rießkern tut gewonlich waz Item bey dem Bachen vnd rechnung waren die ꝛc.

Item da galt Roken ein Scheffel v. lb. Dn. minus v. ß. Dn. get xxiiij. ß. Dn. vnd die munß ze mülle das brot daraus wirt,

Item ein Roken für ein Haller xxj. lot, der Stampffrag 5) auch in dem gewicht,

Item Rükin leib iiij lb. vmb iij. Hlr. ꝛc.

Item

4) Kern, far, ador, aus Spelt oder Dinkel.

5) in der Folge heist es Stampfroken, muß eine Brodart gewesen seyn.

Item auß einem Scheffel das ist ij. schaff wirt röklein und Stampffroken für iiij. Dn. vnd wirt leib für ij. lb. Dn. minus ij. ß. Dn. vnd wirt vj. metzen kleyen, einen metzen für vj. Dn. Summ. vj. lb. Dn. viij. ß. Dn.

Item es gelt korn wie der kauffe ist So wirt doch auß einem Scheffel Stampffroken vnd röklein gepachens prots den Zentner vnd viiij. Pf. vnd Rükin prots ij. Ct. vnd lxvj. lb. vnd vj. metzen kleyen.

Vnd das ist auß gemeinen korn als es get von aller gegent vngeuerlich.

So ist das die Ordnung Im xxxiij Jare, die vnser Peken gehalten als hiernach geschriben stet.

Item als der kerne bey vj. lb. ein Schaff 6) vnd der rogken auch bey vj. lb. ein Schaff gegolten hat ꝛc. Also haben die Ratgeben darauf gesetzt das die Peken hie zu Augspurg lauter Semleins wolgebachens guts prots vnd Semeln vnd an pretzen geben, vnd süllen ye vij lat für einen Haller vnd

6) Ein Getraid maaß, so in Schwaben 8 Metzen hält.

xiiij. lot für einen Dn. ic. Item xvj. lot an slecht maln 7) pretzen für einen Dn. vnd vii jlot für einen Haller,

Item zu yeder beke 8) sol ein yglicher beke als oft er bachet, es sey Semeln pretzen schlecht maln desselben tags allwegen geleichs halbs pfenning wert vnd halbs hallers wert machen vnd bachen ongeuerlichen.

Item die Beken süllen geben an laiblachen 9) x lot für 1 Haller, vnd xx lot für 1. Dn.

Item zu yeder bekte Sol ein yglicher Beke auß demselbigen taig aber gleich halb haller wert vnd halb pfenning wert machen vnd pachen ongeuerlich.

Item an lautern Roken süllen die peken für ij. Dn. lij. lot an einem laib bachen vnd geben, vnd sol fürbas kein laib über ij. Dn. gebachen werden, aber dawider 10) mügen sie die bachen nach anzahl ongeuerlich.

Item

7) von gröbern und schwärzern Meel.

8) so viel auf einmahl gebaken werden kan.

9) kleineren Laiben.

10) darunter, geringer.

Item an balg 11) vnd an Roken süllen die beken geben xxx. lot für 1. Dn. vnd sol aber derselben laib keiner über ij. Dn. gebachen werden, wol darwider nach antzal als vorberürt ist on alle geuerde.

Item vnd vmb das das ditz obgeschriben ordenung dester bestendtlicher pleibe vnd gehalten werde. So haben die Ratgeben geordnet vnd gesetzt daß die nachbenanten Ratgeben ye zween als die dann zusamen geordnet sindt einen Monat das prot beschawen vnd wegen süllen auf Ir ayde vnd glübde die sie einem Rate darumb getan haben vnd sullen also ye zween die nechsten nacheinander beschawen nach des obgeschriben Zetels außweysung, vntz das iare außkompt getreülich vnd on geuerde. Man sol auch yedem beschawer nach seins Monats ausgang xxiiij. behemisch 12) zu lon geben, das sie dester williger beschawen vnd wegen vnd süllen auch beken nach jrem geuallen zu in vordern vnd nemen, welch wenn vnd als offt sie wöllen die In helffen sullen als das auch von alter herkommen ist vnd die vngerechten püssen 13) alß ein rat erkennet hat.

11) sonst, die Haut, worin das Korn steckt, gluma.

12) Münz 3 kr. am Wehrt. 13) bestrafen.

Nota so ist das die pusse.

Item ein iglich beke der hinfür an dem gerichte erfunden wirt, das er zu gering gebachen hat der. Stat zu pusse geben sol x. ß. Dn. für x. ß. prot In das Spital, und x. ß. Dn. dem Burggrauen alß oft Ir yglicher an dem Umbgang ungerecht erfunden wirt on alles ablassen. Vnd süllen auch die die vmbgang die pusse von einem yeden zustund 14) nemen vnd deß nyemaut vertragen 15), welcher aber widersäßig 16) sein wolte, den sullen sie geschrieben 17) geben. fact. 1433.

NB. iij. Dn. für 1. ß. Dn. vnd viij. behem. für 1 lb. Dn. zu rechnen.

Der von Ulm Ordnung.
1403.

Wir der Burgermeister vnd grosser vnd cleiner Rate der Stat zu Ulme sein darumb gesessen. Als bisher vast Rede gewesen ist, das den leuten In den millen nicht Recht beschahe vnd das In nit vollkom-

lichen

14) sogleich.

15) besonders abfinden lassen, durch die Finger sehen.

16) widerspenstig.

17) schriftlich belangen oder angeben.

lichen wider würde das zu fürkommen vnd auch das die Mülner dester unargwenniger sein vnd pleiben, So sein wir zu Rate worden vnd haben nach guter unterweisung die wir in andern Steten erfaren haben, gesetzt das nu fürbas mer keiner vnser burger noch burgerin hie zu Vlme, oder were hie bey uns seßhafft ist vnd vber die wir zu gebieten haben kein korn das sie maln wöllen In die Müllen hiemer schiken süllen, denne das vor an der Wage gewegen ist. Vnd sol auch das meel herwiderumb bey der Wag auch empfahen, mit solchem vnterschelde Wer roken darein schiket was eym minder denn wigt, daran sol man für den Mülmetzen Sechsthalb lb. so das herwider auß gewegen wirt, an dem meel abslagen dartzu sol man an einem imy 1) roken wenn das gemalen wirt vngebeutelt für verlornen staube ij. lb. auch abslahen, Wer aber das man das In der mülen peutelt, so sol man eins pfunts mer abslahen Also wenn ein Jmen roken In der mülen gemalen vnd gepeutelt wirt So sol man für verlornen staub iij. lb. abslahen. Vnd also zu gleicher weise besteet es vmb keren alß vmb roken Wann wir das also außgewogen vnd außgemessen haben So haben

1) ein Korn-Maaß in Schwaben.

haben wir deñe gesezt vmb fesen 2) wenn man die gerbt, das man deñe sprewer vnd kern miteinander wider wegen sol. Vnd sol man an den Garbej 3) an einem yglichen Ymen für verloren staube ij. lb. an der Wag abslahen, Fürbas haben wir gesezt von der gersten wegen das man an einem yglichen Ymmen für den mülmetzen v. lb. abslahen sol vnd an dem maltz für verloren staub j. lb. Vnd welcher oder welch vnser burger oder burgerin hie zu Vlme vnd über die wir zu gebieten haben, das an der Wage In die mülen nit wäge vnd herwider auß an der Wage also nicht empfieng des sol von einem iglichen Ymen ij. ß. Heller zu pene verfallen sein, vnd ein iglicher mülner der das nicht herauß wegen wolte von einem iglichen Ymmen auch ij. ß. Hlr. geben. Vnd auch also waß an der Wage zerrinne das sol ein iglicher mülner eruollen. 4) Vnd also wirt man von eym iglichen Ymmen kerns vnd roken vnd gersten geben zu wegen auß vnd ein ein Hlr. vnd von zweie Immen fesen ein Hlr. auch auß vnd ein ꝛc. Bescheh aber das Gott nit enwolle das

kein

2) Dinkel, Spelt.

3) Kern, so durch das Garben aus der Hülse gebracht worden.

4) ersetzen.

kein mülner In solcher masse mißmule 5) oder vermyste 6) oder anders damit tete deñ er solte, das sich küntlich erfünde das er damit geuerlich vnd vnredlich gefaren hete den mag ein rat darzu auch straffen vnd pussen nach dem vnd er die sache eruindet oder erfert. das die gros oder clein an Ir selbst ist. Dies beschah an St. Jörgen tag 1403.

Nota den lone In der Mülen vnd andere.

Item in der mülen gibt iglich Ymen kerns das gegerbt vnd vngerbt ist zu malen zu lone ein gestrichen metzen kerns dem mülner vnd den knechten zu lone üj. Hlr. Von einem beken aber haußleut die gerbent die gebent iiij. Hlr.

Roken lonet gleich als kern. Item von einem Ymmen gersten, j. aufgehaufften metzen, dem müllner vnd den knechten iij. Hlr.

Item so man den Vesen zu kern gerbet So wirt es etwan genetzt es macht viel gryschs 7) vnd lützel 8) melbs, vnd wigt vil mer dann vor,

Es

6) mißmalte, unrecht abmalte.
6) mit dem Abmessen Unrichtigkeit triebe.
7) klein körnicht, Gries, crimnum, halica.
8) wenig.

Es ist kein Schnellwag Sust ein wag als in den Greben sindt.

Item yedermann wirt gewegen lützel oder viel vnd in dem Weghouß angeschriben In ein wachs tafeln auß vnd ein 2c. vnd uberig Sek ob man Ir bedörfft auch,

Der Mülner schafft es an die wage vnd in die mülen Es mag eins sein ehalten darbej haben oder nicht wie es wil.

Weñe es gerbt wirt, So wigt man sprewer melb vnd sek, das auß dem das vor gewegen vnd worden ist, Were es aber geuerlich netzte der würde gestrafft vom Rate.

Mit zweyen Steinen obeinander vnd mit einer Zarg vnd einem schilt darob vnd darneben mit einem schilt, Des Mülners knecht einen Meizer swertdes vnd kein ander,

Item ein Mülner sol v. Swein haben vnd nit mer vnd auch kein Hun.

Das Weglon zu Vlm.

Von v. Mütlein Rokens j. Hlr.

Von vj. Mütlein kern vnd roken gersten ij. Hlr.

Von

Von iij. Ymmen oder iij. ymmen vesen, ij. Hlr.

Von j. Ymen vesen j. Hlr. vnd dazwischen.

Es wirt alle sach auß vnd ein beschriben wer mynder bringt, gibt für j. lb. Melbs ij. Hlr rokens oder kerns, vnd für j. lb. gerstenmelbs j. Hlr. es sei wolfail oder nit, vnd ob er zu vil bringt muß er lassen, zu lützel muß er bezalen.

Die Sek wigt man auch ꝛc. wenn sie aber nit gewegen werden, So wirt ein Sak für iij. lb. angeslagen.

(Die Fortsetzung künftig.)

VII.

Von einem unbekannten Abdruck der Nürnbergischen Reformation.

(Zu S. 345. I B. des jurist. Magazins.)

Von der Ausgabe der Reformation, welche 1522 bey Friedrich Peypus gedruckt worden, ist auch ein Nachdruck vorhanden, welcher der Aufmerksamkeit derjenigen, welche die Ausgaben der

Reformation gesammelt und beschrieben haben, leicht entgehen konnte, da er keine wesentlichen Verschiedenheiten hat. Ich zweifle nicht, daß von demselben mehrere Exemplare vorhanden sind, zur Zeit aber kenne ich nur ein einziges, welches ich mit dem Original verglichen habe. Ich will einige bey der Vergleichung gefundene Kennzeichen angeben, welche jeden Besitzer des einen von den beyden Abdrücken in den Stand setzen, sogleich zu entdecken, in welche Classe sein Exemplar gehört. Orthographie, Interpunction und Druckfehler unterscheiden das Original und den Nachdruck am meisten. Die letztern geben auch den hinlänglichen Grund ab, diesen Abdruck für einen Nachdruck zu halten. In der Vorrede Blat Aa ij Z. 5. heißt es: nechstuerrcbkt statt nechstuerruckt. Z. 10. herkemen für herkomen. Blatt 60 b. ist in der Ueberschrift des 4ten Gesetzes des 9ten Titels nach den Worten: aus Ungehorsam die ganze Zeile ausgelassen: der die nit gerichtlichē erscheynen. Blatt 61. a Z. 3. gegenwere für gegenweere. Z. 4. bleiben für bleyben. Z. 5. keüff für kewff. vnd für vñ. Z. 8. partheyenn erwachsenn für partheyen erwachsen. Dergleichen Varianten lassen sich auf jeder Seite finden.

Die

Die Schlußclausel auf dem letzten CCVIII Blatt ist anders abgesetzt. Sie heißt im Nachdruck:

Hie endet sich die Reformacion
der Stat Nürnberg mit eines erbe
ren Rats daselbst endrungen vñ
besserungen, durch Iren Burger Fridrichen Peypus ge-
druckt, Anno Domini
Fünffzehundert vnd
im zweiundzwen
tzigisten.

Aus der Aehnlichkeit der Typen und der großen Anfangsbuchstaben möchte sich schliessen lassen, daß der Nachdruck auch aus der Peypusischen Druckerey gekommen sey.

Zur Geschichte der Ausgabe der Reformation von 1503 dienen noch folgende zwey Rathsverlässe:

Extract Raths Buch 1498. usque ad Annum
1502. Fol. 141.

Es ist bey einem Erbern Rat erteilet, Nachdem In der Reformation der Gerichten viel peßerung mancherlei Gesezen auch etlich ennderung darinn sein beschehen, des ain Rat In Craft ihrer Freiheit, vnd auch darumb, das Sie Ine solichs zu thun In Craft Irer Oberkeit haben vorbehalten, daß man

 sollich

sollich Reformation wie die gepeßert vnnd geendert ist, wiederumb solle drucken, vnd eynen Rat der Sechzig zu nehmen, vnd ist verlaßen den Jeronimussen Buchtrucker die laßen drucken, dem sein auch alsopalden dreisig Gulden darauf geben. Act. Secunda post Crucis Exaltationis Ao 1502.

Fol. 260.

Es ist erteilt die Reformacion mit dem Buchstaben, wie der Im Rathe besichtiget ist, drucken zu lassen. ut Supra, id est Sext. post Iudica Ao. 1503.

VIII.

Von Handroßhandlohn in Franken.

Demnach man aus denen von den Freyherrl. Crailsheimischen Aemtern eingekommenen Berichten, Rechnungen und sonsten vielfältig wahrzunehmen gehabt, daß wegen des sogenannten Handroß-Handlohns nicht allenthalben ein gleiches und beständiges beobachtet, sondern zu Zeiten in der Sache zu viel, und zu Zeiten zu wenig gethan, und dadurch entweder das Herrschaftliche Interesse ver-

verkürzt, oder Beschwerung veranlasset worden seye; Als siehet man sich bewogen, eine allgemeine Vorschrift, wornach sich dieselbe bey allen Vorfallenheiten gleichförmig zu richten haben, in folgendem zu publiciren, nemlich

1) bleibet es noch fernerhin dabey, daß wenn jemand mehr als ein Handlohnbares Gut besitzet, derselbe von demjenigen, so er nicht bewohnet, es mag bezimmert seyn oder nicht, wegen der abgängigen Mannschaft und damit verknüpften Personal- und Real-Onerum das Handroß-Handlohn nach dem Betrag des dafür zum letzten bezahlten Kaufschillings zu entrichten schuldig seye, und zwar

2) soll solches Handroß-Handlohn ohne Unterschied, ob der Besitzer ein fremdherrisch oder disseitiger Unterthan ist, alle 7 Jahre von ihm bezahlt werden, würde sich nun

3) ereignen, daß ein dergleichen Besitzer sein Handroßgut vor Verfluß der ersten zwey Jahre entweder an eines seiner Kinder abgiebt, oder sonsten verkaufet, oder derselbe während dieser Zeit verstirbt, so soll von Handroß-Handlohn auf diese Zeit nichts erhoben, dagegen aber

4) wann es länger anstehet, und erst nach Verfluß der 2 Jahre auf eine oder die andere Art zur Veränderung kommt, sothanes Handlohn auf die verflossene Jahre pro rata temporis eingezogen werden. Und sind

5) in diesem Fall die nach dem § 3 vergönnte 2 Jahre nicht mehr frey zu lassen, sondern die Handroß-Handlöhner a primo die possessionis zu berechnen, auch ist

6) wenn mit einem solchen Handroß-Gut ein Freundskauf vorgehet, oder sonst einiger Unterschleif vermerket wird, das Handlohn nicht nach dem Kaufschillings-quanto, sondern nach einer vorher zu verfügenden pflichtmäßigen taxation zu erheben.

Wornach sich also alle Freyherrl. Crailsheimische Aemter hinfüro zu richten und in vorkommenden Fällen ohne weitere Anfrage zu procediren haben. Signatum den 26 Januar 1767.

IX.

Auszüge aus den ältesten Nürnbergischen Gesetzbüchern.

Von den ältesten Nürnbergischen Gesetzbüchern, die sich im Archiv befinden, hat bereits Köler *) eine kurze Nachricht gegeben. Sie enthalten meistens Verordnungen des 14ten Jahrhunderts: doch sind darunter auch einige aus dem 13ten Jahrhundert, und einige aus dem 15ten. Der größte Theil davon sind Policeyverordnungen, einige schlagen aber in das bürgerliche und peinliche Recht ein, und einige klären die älteste innere Verfassung der Stadt Nürnberg auf. Vier davon sind in Folio, und eines in Großquart oder klein Folio; alle sind auf Pergament geschrieben.

Der älteste Codex, den ich mit A bezeichnen will, ist derjenige, den Herr von Murr **) angeführt, denselben zur Kunstgeschichte benützt, und die ältesten Policeyverordnungen daraus bekannt gemacht hat. ***)

*) In hist. reformat. Norimb. §. III.

**) Im Journal zur Kunstgesch. und zur allg. Litt. II Th. S. 34.

***) Im VI. Th. S. 49. seines Journals, und im V Th. S. 168.

Den zweyten Codex, der dem vorigen an Alter am nächsten kommen möchte, will ich mit B anzeigen. Er ist bereits etwas weitläuftiger, als der vorige, und fängt wie derselbe mit den Verordnungen über Brod und Fleisch an. Die vorstehende Bürgerliste geht von 1314 bis 1331.

Diesem scheint der Zeitordnung nach der Codex C zu folgen, wenn man nach der Vollständigkeit urtheilen darf. Das Bürgerverzeichniß ist von den Jahren 1329 bis 1335. Den Anfang machen die Gesetze von neuen Bürgern; worauf die Verordnungen von Brod und Fleisch folgen.

Der Codex D in Großquart ist am schlechtesten geschrieben, enthält aber vieles, was in keinem der übrigen steht. Es ist demselben keine Bürgerliste vorgesetzt. Er ist vornämlich reich an Policey- und Handwerksgesetzen.

Der Codex E ist der stärkste, und am schönsten geschrieben. Es ist demselben eine Liste neu aufgenommener Bürger von 1330 bis 1448 vorgesetzt. Der größte Theil der Gesetze in demselben ist schon in der ersten Hälfte des 14ten Jahrhunderts eingetragen worden. Sie sind aber mit manchen Zusätzen von spätern Händen vermehrt worden. Er ent-

enthält auch einige Abschriften von Landfrieden und kaiserlichen Privilegien.

Nach dieser vorläufigen Nachricht theile ich noch ungedruckte Verordnungen selbst nach und nach mit, und zwar jede nach der Vergleichung der fünf Handschriften, von welchen ich jederzeit die vollständigste bemerken will.

Daz nieman dem andern sein kint empfüren sol ze elichen dingen ane rat. (C. 83.)

Ez ist auch gesetzet swer der ist frowe oder man der ieman seint kint er sei svn oder tohter empfüret ze elichen dingen ane vatter vnde ane mv-ter wort oder ane frvnde rat, ob si vater oder mvter niht heten, swer daz tut der sol cehen iar fvnf meile von der Stat sein. oder die selben ce-hen iar in dem tvrne ze puze ligen ob er begrif-fen wirt. (Im Codex E. 43. hat eine spätere Hand den Zusatz gemacht: Vnd ditz gesetz gehört di wittwen niht an.)

Ez sol daz kint daz also hie empfürt wirt ez sei svn oder tohter enterbet sein von seines vater erbe ob ez für die burger ze clage kvmt von dem rat also daz ez mer rehtes dar an hat.

Vnd ez sol auch vater vnd mvter niht gewalt haben ze gebenne dem selben kinde ane rates wort noch auch die frvnde.

Swer daz vber vert der mvz geben als vil an die Stat als er dem kinde gibt.

Vnd swer auch der antrager ist frowe oder man der sol ligen in dem tvrne funf iar ob er begriffen wirt vnd dar zv von der Stat sein ewiclich.

Wie ain byrger schaffen mac seine varnde habe. (C. 81. b.)

Ez ist auch gesetzet ze ainem ewigen rehten daz ain ieckich burger vollen gewalt hat. daz er mac tvn vnd lazen mit sinem varnden gut. vnd mit seiner deraitschaft swaz er wil. vnd schaffen damit swaz er wil die weile er mac reiten vnd gen*) daz in sein wirteln vnd seine kint daran nicht geirren mögen.

Ist

*) In einer spätern Handschrift (E. Bl. 126.) ist dieser teutsche Rechtssatz also abgeändert: Di weil er gereden mag. vnd bei seinen sinnen ist: und in der Interlinear-Anmerkung wird noch hinzugesetzt: er müg gern oder nicht.

Ist aber daz ain burger so cranc ist, daz er vngehabt vnd vngefüret drei schritte niht gen mac so mac er ane seiner wirtein wort niht tvn noch schaffen mit seinen varnden gut noch mit seiner beraitschaft, er hab denne gut briefe oder gute gezevge daz si im vor den gewalt geben habe mit sein aines hant da mit ze tvnn swaz er welle.*)

Ist aber daz ainem burger sein wirtein tot ist oder ainer burgerein wirt tot ist. ligt der aines an dem tot pette der so mac ir ietweders wol schaffen mit seiner beraitschaft swaz er wil vntz an sein ende daz si ire kint dar ane niht geirren mogen ane hausrat.

Wer in dem Spital stirbt. (D. 54. b)

Ez ist erteilt worden in offem rat mit der merern menig Schepfen vnd Rates wenn ein siechs in dem newen spital stirbt vnd daz ein gescheft tut vnd dem spital oder iemant anders iht schikt vnter zweintzig pfunt newer haller daz sol kraft vnd macht haben, also bescheidenlichen wenn zwen priester oder ein priester vnd ein amptmann dez

 Spitals

*) Im Codex E. Bl. 126. ist dieser Absatz durchstrichen und Vacat darüber geschrieben.

Spitals darumb sagten vff ir ampt oder vff ir eyd daz dem also wer, vnd daz sie dabey gewesen wern vnd daz man sein vor in also bekant het daz solt kraft vnd maht haben awzgenomen ob ez erb vnd aygen antreff vnd ditz gesetz sol als lang weren vntz ez die Burger verkeren. Actum anno lxxviiij. (1379.)

(Von der Vormundschaft.)

Actum zum newen Rat Anno lxxxxix. (1399) (D. 175)

Item daz der Rate zwen darzu gebe die sich der vormuntschaft vnterwinden vnd awfrichten als hernach geschriben stet.

Item vnd wenn ye sant Walpurgen tag kumpt so sol man ein frag tun, ob man die zwen haben, oder er dheinen verkern wöll dasselbe Jare.

Zum ersten, wenn es nu fürbaz geschehe, daz ein man abgienge, vnd frawen, vnd kynde liezz, die nicht alle zu iren tagen kumen wern, vnd kein geschefte getan het, so sullen die zwen senden nach der frawen vnd nach den kynden, vnd nach der nehsten frewnde zweine vaterhalb, vnd muterhalb, vnd da beschriben nemen, waz er gelassen hab, an erb, aygen,

gen, lehn, parschaft, hawsrat, varnder habe, vnd schulden, vnd auch waz er schuldig beleybe, daz das alles geschriben werde in ein puch, daz darzu gemachet wart, vnd kömen dann der kynde frewnde zwen, oder mer, vaterhalb, oder muterhalb zu den zweien, vnd legten den für, daz die frawe den kynden niht gütlich oder geleiche tet, so möchten die zwen ein rechnunge von jr vordern vnd aufnemen dez solt jn auch die frawe gehorsam sein.

Ze gleicher weise, ob ein man, oder ein frawe witiben weyse on gescheft abgiengen, vnd kynde liezzen, die nicht zu iren tagen komen wern, so solten die zwen aber der kynde frewnde zwen vaterhalb, vnd muterhalb besenden vnd beschreiben laszen waz daz abgangen gelazzen het, vnd wie ez dann die zwen ordenten, vnd bestelken, dabey solt ez beleyben.

Item wer ez, daz ein man abgienge, vnd vormunde liezz, vnd daz der kynde frewnde vaterhalb, oder muterhalb zwen, oder mer kömen zu den zweyen vnd sprechen, daz sie bewcht, daz die vormunde, die vber sein geschefte, oder den kynden ir ding nicht awsrichten als sie pillichen solten, so möchten die zwen die vormunde besenden, vnd ir rede vnd rechnunge verhörn, vnd waz die zwen dann fürbaz zu den sachen rieten teten, oder ordenten dabey solt es beleyben.

Vnd desgleichen solt auch geschehen, ob ein fraw abgienge, die gute in irer hant gehabt, vnd vormunde darüber genomen het.

Item, vnd wo ez den zweyen ze swer wer daz möchten sie bringen an den Rate, waz sich aber die zwen versteen, oder awfrichten mügen bey iren trewen daz sullen sie nicht schieben an den rate.

Item, wo ein man abgieng, der lehen het, vnd liezz newr einen Sun, oder daz er keinen sun liezz, So sullen sie besorgen, daz die lehen nicht verlorn werden, als verr sie künnen vnd mügen, on alles geuerde.

Item wo kynde wern, die niht zu iren tagen komen wern, vnd parschaft heten vnd daz die zwen bewcht, daz die parschaft niht leg an solichen steten da ez den kynden nützlich vnd füglich wer, So möchten sie nach den senden die die parschaft ynne heten, vnd die solten In geloben, daz sie die In einer zeit, als sie In sagten, auf daz Rathawse in die losungstuben legten, vnd solten dann die zwen, vnd ob sie vormunde heten, daz anlegen, wie sie, oder der merer teyl ze rat würden, daz es den kynden allernützlichst wer, so sie aller schierst möchten.

Item

Item man sol ein puch machen, vnd in ein laden legen, da die zwen, zwen slüzzel zu haben, daz ir einer on den andern darzu nicht kommen müge, vnd in dasselb puch sullen die zwen einschreiben alle sach, die die vormuntschaft antreffen.

Item, Vnd zum allerersten, sol man alleweg awsrichten die schulde, die man gelten sol, vnd waz man durch gots willen geschickt hat, daz küntlich vnd redlich ist.

Item, daz man den zweyen daz er Jar fur ir müw geb, nach dem, vnd sie dasselbe Jar müw haben gehabt, vnd dez sullen die gewalt haben, vnd tun, die ob der Stat rechnunge sitzen, von der Stat gelte das erst Jare, vnd hynach ze rat werden, wa man jn daz gelt für ir müwe nemen sülle.

Item, Ez sullen auch die zwen swern ayde zu den heiligen vor dem Rate, daz sie alle sache getrewlichen awsrichten on geuerde, vnd auch verswigen haben, daz sie nicht sagen, noch yemanden ze wissen tun die weil sie leben, waz die gelassen haben, awsgenomen wa sie dewcht, da prechen wern, die jn ze swer wern der sie nicht awsgerichten möchten alz vorgeschriben stet, daz mugen sie vngeuerlichen für den Rate bringen, vnd sullen dannoch dem Rate nichts

melden,

melden, dann die prechen die sie nicht awstrichten möchten, vnd sullen auch den zweyen der kynde frewnde die ye bey den sachen vnd rechnungen sind ir trew geben an ayds stat, daz sie daz alles auch vngeuerlichen verswigen halten.

Daz niemant dheinen Wechsel hie treiben sol. (D. 50.)

Ez sol auch furbaz niemant mer dheinen wechsel hie treiben weder heimlichen noch offenlichen weder an guldein noch an pfennig an hallern noch an dheinerley muntz wie die genant ist durch gewins willen doran man maint zu gewinnen, Ez wer dann ob einer guldein bedorfft zu seiner notdurft oder pfennig oder haller vmb guldein, die moht er wol kauffen, also daz er mit dem selben gelt dheinen wider wechsel niht treiben sol ongeuerde Wer daz vberfür der solt verlorn haben den zehenden pfennig als vil er dez wechsels getriben het awzgenomen der wechsler. die die Burger dar gesetzt haben.

Der Wechsler eyd. (D. 60.)

Ez sullen die Wechsler ir wirtin oder wer von iren wegen bey in in dem Wechsel sitzt swern zu den heiligen daz sie dez wechsels getrewlichen pflegen vnd

in

in niht anders halten noch handeln dann als in die Burger vom Rat empfolhen haben on allez geuerde. Auch sullen sie dhein ersaigtes gelt kauffen noch dhein silber daz sie wissen oder dez sie sich versehen daz awz ersaigten gelt geprant sey vnd sullen auch die bot darzu halten die vff die müntz gesatzt ist vnd auch mit dheinen versucher dhein gemaine niht haben.

Daz nieman clöstern noch auzleuten noch juden sol ze kaufenn geben weder aigen noch erbe. (C. 74 b.)

Nieman sol kainem closter oder kainem aus-manne der niht burger ist werltlichem oder gaistlichem noch auch juden kain aigen noch erbe ze kaufenne geben. noch gülte noch gelte dar auz schaffen noch geben vnd da sol auch nieman zv reden vnd da bei sein daz es in bestetigt werde. weder scheppfen noch die genanten bei irem aide.

[Wer auch ob in ieman iht geb oder schüffe durch seine sele willen aigen oder erbe oder gült oder gelt dar aus daz suln inwendig iares frist verkaufen vnd anders nieman denne ainem burger ze Nurem-

Nuremberg.]*) ane ob si ez mit der burger gunst von dem Rate behaben mugen zv irn hofsteten irer closter ob sein in notdurf were. vnd swer in anders ze kaufenne gebe oder schüsse ane des Rates wort der gibt daz halb tail ze puze swez daz wert ist daz er also verkauft oder geschaft hat an die Stat.

Ez sol auch nieman weder aigen noch erbe durch seiner sele willen schaffen. wil er ihz schaffen daz sol er ivn mit beraitem gelte in der stat.

Ez sol kain burger im nicht lazzen salen kain aigen daz ain ausman kauft bei der selben puze. [Im Codex E. ist von einer spätern Hand beygesetzt: noch dheinem auzmann noch gaistlichen mann noch dheinem juden dhein erbe ze kauffen sol geben.]

(Vom Kauf auf Widerkauf.) D. 116.

Ez sol fürbaz dhein vnser burger noch burgerin noch niemant von iren wegen dhein aygen erb Lehen leipding noch dheinerley ander sach vff dem Lande vnd in der Stat vff dheinen widerkauff noch widerlosung niht kauffen. wer daz vberfur der

*) Die eingeschlossene Stelle ist im Codex E. 134. ausgelassen und im Codex C. 74 steht am Rand: tace.

der must geben den vierden pfennig ze puzz an die Stat vmb als vil geltz als er dann vmb sulch kauff getan het vnd dazu solt derselb kauff ab sein vnd niht fur sich geen vnd darzu mugen sie die Burger straffen an leib vnd an gut als sie ze rat werden.

Auch sol ein iglicher, der vorher sulch kewff getan hat ez sey an aygen an erb an lehen Leipding oder wie daz genant ist als vorgeschriben stet, der selben kewff abkomen vnd wider ze kauffen oder ze losen geben so er schirst kan oder mag bey dem ayde, den er der Stat geswora hat an alles geverde.

Von frawen leihen. (D. 33.)

Ez gebieten die Burger vom Rat vestiglichen vnd wollen ez furbaz zu einem rechten haben, daz niemant dheiner frawen niht mer leihen sol vff pfant oder vff brief dann funf pfunt haller vnd wer daz ein fraw mer geltes bedorft vnd daz gewunn zu cristen oder zu den iuden So sol man daz vor irem mann ze wissen tun ee man ir daz gelt leih vnd ob ir man niht anheim wer So sol man daz auch vor zwain irs mannes freunden zu wissen tun vnd wer der wer der daz vberfur vnd ez niht irem mann oder zwain seinen freunden nu furbatz also zu wissen tet ez sey crist oder cristin jud oder iudin man oder fraw dem sol man furbaz vmb daz selb gelt niht rihten vnd ir man mag sein pfant oder brief losen vmb funf pfunt haller vnd er sol auch daz also beweisen mit seinem rehten daz die schuld on sein vnd seiner freund wissen vnd wort gemacht sey awzgenomen gewantsneyderin cramerin wechslerin vnd gastgebin [vnd die zu offem markt sten.]

Auch sol dhein pütel dheiner frawen niht furbieten die einen man hat.

Vnd ez sol auch dhein Scheppf dhein clag vff dhein frawen niht lazzen schreiben die einen man hat wer aber daz darvber dhein clag vff dhein frawen geschriben werd daz sol dem mann dheinen schaden bringen vnd mag die frawen losen vmb xiij haller awzgenomen gewantsneyderin Cramerin Wechslerin offen gastgebin vnd die zu offem markt sten.

Swer der ist der sein heusern hinlet vmbe zins ze iarn. (E. 125.)

Ez habent auch gesetzet vnser Herren die burger Swer der ist der seinev Heuser hin let vmbe Zins ze iarn wenne der iare ains oder mer auz komment so sol der selbe seinen Hindersezzen kunt

tvn

tvn vor dem Zile vierzehen tage daz er im sein Haus ravme auf die frist, wan sein Ziel auz sei. Dar nach so sol er im sein Haus ravmen auf die frist er behabe danne vor dem Zil mit dem rehten daz er ez lenger haben sulle. wer aber daz er dez niht behielt mit dem rehten so mage man im alle tage gepieten mit dem pütel bei ainem pfunt haller als lange vntz daz er im ez ravmet.

Ez ist auch gesetzet daz ain ieclich burger in seinen heusern pfenden mag. auf ein reht vmbe seinen Zinse.

Daz niemant dem andern seine ehalten abdingen sol. (D. 76.)

Es sol auch dhein burger noch burgerin noch niemant anders dem andern seinen kneht oder mayd vor irem Zil niht abdingen. Wer daz vberfür der must geben drew pfunt haller vnd der kneht oder mayd sollen geben ein pfunt haller vnd solt darnach der selb kneht oder mayd der selben herrschaft ir Zeyt auz dienen. Vnd ez möht dannoch ir eins dez als verlichen vbervarn, sie wolten die Burger darumb straffen darnach vnd sie zerat würden.

X.

Kurze Nachricht von einer Oettingischen Landgerichtsordnung.*)

Diese Landgerichtsordnung ist von den Grafen Ludwig Eberhard, Johann Albrecht und Ernst, allen dreyen regierenden Grafen zu Oettingen und vom Jenner 1621. datirt. Gleich zu Anfang derselben heißt es ausdrücklich: daß sich hiernach nicht nur alle Unterthanen und Schutzverwandten insgemein, sondern auch diejenigen, so von Alters her und von Rechtswegen, auch der erlangten Kaiserl. und Königl. Freiheit wegen, mit dem Landgerichtlichen District umfangen und begriffen, oder demselben unter einigerley Gestalt unterworfen seyen, zu richten hätten.

Zuvörderst wird verordnet, wie dieses Landgericht künftighin ferner besetzt werden solle, nämlich mit 1 adelichen Landrichter und 12 Schöppen, wovon

*) Aus dem Oettingischen Wochenblatt 1786. Num. XXVIII.

wovon der älteste Landgerichtsverweser seyn sollte. Ausserdem kommen als Subalternen der Landgerichtsschreiber, die Advocaten und Gerichtsboten vor.

Nach eben dieser Ordnung sollte das Landgericht viermahl des Jahrs, nämlich an Invocavit zu Wallerstein, an Trinitatis bey den Leorn zu Oetningen, an Egidi auf der Goldburg, und an Andreä zu Oettingen gehalten werden. Dem Landrichter ist es aber freygestellt, ausser diesen vier Orten noch zu Weiltingen, zu Harburg rc. und andern gewöhnlichen Mahlstätten ausserordentliche Sitzungen zu halten.

Die dahin gehörige Sachen sollen seyn: Steuer, Zinße, Gülten, Zehnden, und Obrigkeitliche Schuldsachen — Acht und Executionssachen — Klagen verzögerten Rechtens — Salvus conductus — Widerspenstigkeit gegen das Landgericht, schwere Injurien — Gleits- und Landfriedensbruch — Todschlag und Fehden nebst allen in der Halsgerichtsordnung begriffenen Verbrechen. — Endlich alle Spolien — Kontumaz — rechtliche Erbschaftsklagen und Gemeinde Angelegenheiten. Was aber unter 30 fl. werth, soll von den Aemtern geschlichtet werden.

Weiter soll erwähntes Landgericht anzunehmen und zu besorgen befugt seyn: Alle Verzichte Väterlicher und Mütterlicher Haabschaften, Testamente, Heyrathsbriefe, Einkindschaften. Es soll ferner getroffene Verträge und Vermächtnisse bestättigen, und öffentliche Urkunden vidimiren können. Es soll auch exemten Parteyen frey stehen, dieser Gerichtbarkeit sich freywillig zu untergeben.

Neben dem Landgericht soll aber noch ein eigenes Hofgericht bestehen, an welches ausser den bemerkten Fällen von den Aemtern aus appellirt werden kann.

So wie aber die heutigen Regierungen meistentheils ein Nachbild des Reichshofraths sind; so scheint diese Landgerichtsordnung vorzüglich eine Copie der Kammergerichtsordnung zu seyn; oder wie man vielleicht den Fall auch umwenden kann, nach der Verfassung der uralten einzelnen Landgerichte ist ursprünglich jenes Obergericht selbst eingerichtet worden.

Unsere Landgerichtsordnung handelt nach allem diesem sehr weitläuftig von Ausbringung der Ladung, und Mandate, vom ersten, zweyten, dritten, vierten und fünften Termins-Verfahren, vom Zeugenbegenbeweis, von sonderlich befreyten Sachen und Erkennung der Mandaten ohne Klausel, von der Gegenklage, vom Contumazial Verfahren, vom endlichen Urtheil und Kosten Verfahren, den Attentaten, Appellationen und Vollziehung der Urtheil.

Hierbey ist noch als besonders merkwürdig anzuzeigen, daß der beym Landgericht unterliegende Theil sowohl in Appellations- als jeden andern Sachen 1. Procent Succumbenzgelder entrichten müssen.

Bekanntlich wird das Landgericht nach dieser Form nicht mehr besetzt, sondern dessen Gerichtbarkeit durch den Landvogt und andere Aemter besorgt, vorzüglich aber das Gericht selbst durch die itzigen Regierungskollegia repräsentirt.

Diese Landgerichtsordnung enthält 35. eng geschriebene Bogen. Auf dem Titel steht der Vers:

Was hilfts aber, viel Gesetz zu schreiben,
So man beym Rechten nit will bleiben,
Da Geld und Gut allein regiert,
Der Arm von seinem Rechten geführt.
Wirst urtheln wohl, wies Recht vermag,
Gnad findstu gwiß am jüngsten Tag.
Ein jedem das wir selber wollen,
Freudig auch Gott gern thun sollen,
Welches Recht mit uns gebohrn
Und ihm der Kaiser auserkohrn.

XI.

Miscellaneen. *)

Gewißbier.

In der Herrschaft Schönburg und vielleicht an mehrern Orten haben die Bauern die Gewohnheit, daß derjenige, welcher geschimpft wird, Geld zum Vertrinken aufwirft, damit diejenigen, die dabey sitzen und davon trinken, bey der Obrigkeit darüber zeugen sollen. Wann aber Niemand zu solchem Bier sich finden will, pflegen auch wohl die Beleidigten dem Injurianten einen Schlag auf den Rücken, oder sonst wohin zu geben, damit dieser klagen muß. Ein solcher Schlag ist schon manchmahl mißrathen, und so heftig ausgefallen, daß der Tod davon erfolgt ist.

Großträger

bey dem Lüneburgischen Kaufhause, ist eigentlich ein Güter-Schreiber oder Wäger. Diese Bedienung

*) Als eine Nachahmung des Hn Hofr. Elsässers in den Gemeinnütz. Beob. und Rechtsf. 5 B. S. und in den vermischten Beyträgen S. 60.

dienung wird von der Kämmerey besetzt, und der Großträger in Eid und Pflicht genommen. Ihre Verrichtungen sind, bey Ankunft der Schiffe alle Güter zu pfünden, davon nach Signis und Numeris ein Verzeichniß zu machen, und dem Schiffer Abschrift davon zuzustellen, um darnach seine Frachtgelder einfordern zu können. Ihre Obliegenheit besteht ferner darin, daß sie, wenn Fuhrleute ankommen, bey der Abladung mit gegenwärtig seyn, und die Aufsicht über die Arbeitsleute haben, auch selbst mit Hand anlegen müssen. Doch werden diese Güter nicht notirt, und gibt also kein Großträger Rede und Antwort über die Ladung eines Fuhrmanns und die Stückzahl derselben. Die Gebühren, welche ihm der Fuhrmann dafür zahlt, gehen auch nicht nach der Zahl der Colli oder Päckereyen, sondern es wird ihm für den Wagen etwas gewißes bezahlt und auf die Zahl der Päckereyen nicht geachtet.

Jagd.

Jagdgerechtigkeit ist eines der vorzüglichsten Rechte, welche den Rittergütern ankleben, und welche diese von den Bauergütern voraus haben, die in dem

dem Territorium, deren Herrlichkeit ein jeder Theil, woraus dasselbe besteht, reveriren muß, mit liegen. Sie gründet sich entweder auf Herkommen, Privilegien, Kauf, Belohnung oder Gnade. Je nachdem dieses oder jenes ist, je nachdem muß sie natürlicher Weise in Ansehung des Umfangs, der Art und Weise beurtheilt werden.

Das Gut Hemhofen unweit Erlang macht eine Ausnahme von der Regel: daß der Adeliche, auf dessen Rittergut ein Wald ist, auch die Jagd in demselben habe, indem allda die kleine Jagd dem Hochstift Bamberg, welches auch die Zent allda hat, und die große dem Hochfürstl. Hause Brandenburg gehört, von welchem letztern die Besitzer desselben seit nicht gar zu langer Zeit sie zu Lehen tragen, und aus diesem Grund die derselben anklebende Rechte, z. E. die Eichelmast, haben.

Lacherbengeld.

wird in dem Hochfürstl. Badendurlachisch. Generalrescript vom 23. Junii 1783. an die Badendurlachische und Badenbadische Ober- und Aemter auch Verrech-

Verrechnungen rc. rc. wegen Aufhebung der Leibeigenschaft und des Abzuggeldes, ausdrücklich vorbehalten.

Lacherben, oder lachende Erben werden, wenigstens in Schwaben, diejenige Erben genannt, welche, als entfernte Anverwandte, ohne Betrübniß über den Tod des Erblassers, dem sie vielmehr in Rücksicht auf die ihnen bevorstehende Erbschaft mit Verlangen entgegen sahen, und also gleichsam mit lachendem Munde das Erbe einnehmen.

Worin aber nach diesem Begriff das Lacherbengeld bestehe, ist aus dem Marggräflich Badenschen Landrecht vom Jahr 1622. (im 6 Th. 4. T. S. 146.) abzunehmen, in welchem verordnet wird: „Und dieweil die alte beschriebene Rechten vorordnet, daß, wann der Verstorben weder in ab- noch „aufsteigender Linien einigen Gesippten, noch auch „in der Zwerchlinien einen Verwandten bis auf „den zehenden Grad verlassen, als dann die Verlassenschaft des Verstorbenen Obrigkeit heimfallen, „und also die Erhebung in der Zwerchlinien über „den zehenden Grad nicht statt haben soll: so „lassen

„lassen wirs zwar unsers Theils bey solchen alten „Rechten auch verbleiben, thun aber beneben noch „ferner verordnen, wann in auf- oder absteigen- „der Linien allerdings keine Erben, aber in der „Zwerchlinien über den siebenden Grad vorhanden „wären, daß alsdann von solcher unvertestir- „ten Erbschaft der zehende Theil uns heim- „fallen solle.“

Dieses Lacherbengeld hat freylich weder mit der Leibeigenschaft noch mit dem aufgehobenen Abzug eine Verbindung, und ist also ohne Zweifel bloß zu Verhütung alles Mißverständnisses ausdrücklich vorbehalten worden, weil es zufälligerweise mit den meisten Abzugsfällen dieses gemein hat, daß es in 10. pro Cento besteht. Reuß teutsche Staatskanzley, IV. Th. 1783. p. 8. seq.

Die im Jahr 1766. unterm 17 März im Fürstenthum Anspach ergangene Verordnung: daß in dem Fall, wenn einheimische oder auswärtige Seitenverwandte zu einer Erbschaft kommen, sie 5 pro Cento Zuchthausbeytrag davon abgeben sollen

und

und müßen, dörfte als eine Nachahmung dieses Lacherbeugeldes angesehen werden können. In einem weitern hochfürstl. Ausschreiben dd. 30 Merz 1769. wurde diese Abgabe auf $2\frac{1}{2}$ pro Cento heruntergesetzt.

Pfattenschau

und Erkänntniß der Feldschäden über Weg und Steg. (S. Besoldi Thes. pract. p. 777) geschieht jährlich wegen der Zäune. Die Hagschau aber wegen Aufthuung und Räumung der Straßen von überwachsenden Hügengeständ und Bäumen nur etwa am dritten Jahr.

Inhalt.

www.ingramcontent.com/pod-product-compliance
Lightning Source LLC
Chambersburg PA
CBHW030405270326
41926CB00009B/1277

* 9 7 8 3 7 4 4 7 0 1 4 6 4 *